持たざる者の逆襲

まだ何者でもない君へ

溝口勇児
BACKSTAGE CEO / XANA JAPAN CEO / BreakingDown COO

幻冬舎

持たざる者の逆襲

まだ何者でもない君へ

はじめに

僕は少し複雑な両親のもとで育った。父は両親や親戚を知らずに児童養護施設で育ち、母には父親がいなかった。２人は暴走族の総長だった時に出会い、母が19歳で身ごもり生まれたのが僕だ。父は酒癖が悪く、借金が増え続けているのにもかかわらず、働かない上に飲んでツケにして暴れて帰ってくるような人だった。

そんな父は僕が３歳、妹が１歳の時に多額の借金を残していなくなり、そのせいで僕達は現代でも稀に見る貧乏な暮らしを強いられることになった。当時は母が昼夜働いていたこともあり、ご飯とふりかけ、スパゲティを茹でてマヨネーズをかけただけの夕飯も少なくなかった。月謝が払えないので習い事や塾にも通えなかったり、給食費が払えずに廊下に立たされた時もあった。なんで自分だけお金が払えないんだろうって不思議に思っていた。こうした事情もあって、小中学校時代は友達の父親の運送会社の荷卸しの仕事を手伝い、高校時代は飲食店、建設業、引越し業者と、働いてばかりいた。稼いだお金は自分の生活費や学校にかかるお金にあてていた。

僕の当時の夢は体育の先生だった。けれど、その夢を誰かに伝えたことはない。なぜなら僕には家庭の事情から進学という道がなかったからだ。

奨学金を借りようにも母は自己破産をしていて連帯保証人になれず、父の居場所もわからなければ、身内を頼ろうにも僕には頼れる親戚が誰もいなかった。環境が異なる自分と友人とを比較して、自暴自棄になったり、誰かを傷つけてしまったり、道を踏み外したりした時期もあった。

そんな10代を過ごしていた僕だが、高校在学中の17歳の時に図らずも飛び込んだフィットネスクラブでパーソナルトレーナーの仕事と出会い、人生が変わった。

大学に進学するという選択肢を与えられていない自分は、その4年間で誰よりも絶対に成長してやると誓った。おかげ様で少しずつ周囲に認めてもらえる存在になり、トップアスリートや著名人のトレーナーを担当したり、後にヘルスケアプラットフォームアプリにおいて国内№.1の1200万ダウンロードを記録するFiNCを起業し、国内外で少しばかり名が知られるようになった。

すると僕が3歳の時に姿を消した父から、会社に何度も電話がかかってきたのだ。僕は秘書にお願いして居留守を使い、直接会話をすることから逃げた。どうやら僕に不遇を強いてしまったことを詫びたかったようだ。

そんなある時、衝撃的な出来事が起きた。突然、父の訃報が福祉事務所から届いたのだ。

「福祉事務所の◯◯と申します。生活困窮のため当福祉事務所にて生活保護を受給中だった◯◯様が先月の5月19日にお亡くなりになられました。つきましては◯◯様の死亡届を提出するにあたって、二親等内の親族の方々に届け出をしていただけるかどうかご回答ください。届出人になっていただける場合はできるだけ早急に下記担当者までお電話にてその旨をご連絡ください」

何とも形式的な文章だ。予定を調整して急いで役所に向かったのだが、父は長きにわたって生活保護を受給していたこと、腹違いの妹がいること、そして最後は一人虚しく自ら命を絶ったことを知った。思い返せば生前に「息子に会いたがっている。片目を失明してショックを受けているそう」という知らせが届いたこともあった。当時の自分には人を気遣える余裕もなく、それをただただ放置した。「俺って薄情なんだな」と思う気持ちと、「俺が必要としている時に近くにいてくれなかったのに」とこれまでの不遇の日々を父のせいにしてしまう感情と、FiNCを応援してくれる支援者や数百人を超える従業員のためにも「そんなことよりも会社を急成長させないといけない」という焦りに苛まれていたことを鮮明に覚えている。会いたいと思ったことはないし、もし死んでもたいして悲しくないだろうとたかを括っていた父が死んだ。父を亡くして後悔に苛まれている自分に酔っていたのだろうか。あんなにも涙が止まらなくなる自分は想像できていなかった。おそらく、辛いとか、悲しいとかそれだけじゃなくて、いろいろ複雑な感情が重なったからだろう。

いったい父の人生はなんだったのだろうか。両親に捨てられ、親戚もおらず、身寄りもなく、片目を失い、そして虚しい死を選び、誰にも見送られずに火葬されて。僕が一度でも会ってさえあげていれば、きっとこうはなっていなかっただろう。僕は生まれながらの悪党なんて存在しないと思っている。父は決して真っ当な人間ではなかった。けれど、それは世の中の不条理のせいによるところが大きかったのではないか。

世の中には、なんのために生きているのかわからないという人や、ほんのひとかけらでもいいからどこかに希望がないか探している人がたくさんいる。格闘エンターテインメントの『BreakingDown』に応募してくれる人達や、僕が経営する人類をメタバースへと移行させることを目指す「XANA」を利用してくれる人達も同じだ。そのような人の多くは「持たざる者」として生まれた人であり、まだ何者でもない人達である。いつだって彼らや僕の父のような人間は、何不自由ない環境でぬくぬくと育ったがゆえに、「持たざる者」の弱さを想像できない人達の冷淡な目にさらされている。彼らの多くは、持つ者として生まれた事実を知らず、自分が今、手にしている環境は自分だけの努力によるものだと傲慢に捉えている人ばかりだ。

「持たざる者」の「俺はここにいるよ」という声に出せない悲痛な叫び、なりふりかまわずひとかけらを掴むために必死にぶつかってくる彼らの切実な想いに対して、僕達の社会は、いつだってここにある不条理な現実を見て見ぬふりをしてきた。僕自身だってそうだ。そういった世界を知っている側の人間であるにもかかわらず僕はそこから目を背けてきた。けれど、もう逃げるわけにはいかない。僕にとっては『BrakingDown』をはじめ、各社の経営も、この本の執筆もその覚悟の一つだ。

僕は捉え方を変えれば、幼少期から過酷な環境に身を置くことで、多くの貴重な出会いや、たくさんの経験を積むことができた。ただ誰もが必ずしも僕のように逆境をバネに生きられるわけではない。だからこの本では今日に至るまでの日々で僕が学んだ、自由を掴むために重要な、仕事や人間関係、困難や不条理に対する本質的なものの捉え方、考え方、向き合い方を提示する。父のように持たざる環境で育った者、未来に希望が持てない者、過去に失敗をした者、会社や上司との関係に苦慮する者、家族や仲間との付き合い方に悩む者、進路をはじめ多くのことに葛藤する若者。今の僕にはまだ出すぎたまねかもしれない。けれど、彼らに少しでも正しい方向性を示してあげたい、彼らが迷った時に立ち返ることができるものを作りたい、一言で言えば、僕のように恵まれた機会を手に入れられなかった人達のためにこの本を書き綴ってきた。

難解な記述はなるべく避け、誰にでもわかりやすい表現を心がけ、ページ数も可能な限り少なくした。ゆえにこれまでの人生で数多くの経験を積んだ人からすれば、どこか物足りないと感じる部分も決して少なくないと思うが、それは予めご容赦いただきたい。

この本を読み終わった時、あなたも自由への扉をこじ開ける一歩を踏み出してほしい。

自由とは、食べたいものを食べたい時に食べられる、行きたいところに行きたい時に行ける、休みたい時に休めるといった小さなものだけではない。助けたい人を助けられる、支えたい人を支えられる、応援したい人を応援できる。そしてその先にある、社会の不条理に抗い、理不尽な「天竜人《てんりゅうびと》」（@ONE PIECE）に対しても決して屈する必要のない、自分の生き方や自分の信念を貫ける人生を謳歌できる自由も含んでいる。この本を通じて、あなたも僕と一緒にその自由を掴みに行ってほしい。


この本が、あなたの孤独や退屈や不安をなくし、自由を掴み取るために必要な地図やコンパスになれれば幸いだ。

持たざる者の逆襲　まだ何者でもない君へ　目次

第二章　成長

第四章　解釈

第五章　勇気

第一章

選択

人生を決めるのは、あなたの日々の選択だ。自分を甘やかし簡単な方、楽な方に流れてしまうといずれ後悔することになる。自分がどう生きたいかを強く意識し、日々の選択の質を上げ、自由な人生を生き切ってほしい。

1. 人生は選択の総和

人生は選択の連続で、ひとつ一つの選択が積み重なって作られる。

どこに住むのか、誰と過ごすのか、何を食べるのか、どんな時間の使い方をするのか。大小含めて、これらひとつ一つの選択が僕達の「今」を作る。これを少し硬い表現で「人生は選択の総和」と呼び、僕はこの言葉を座右の銘にするほど大事にしている。

さて、早速一つ、問いかけたいことがある。「あなたは今の自分に満足していますか？」

もしあなたがこの問いかけに対して自信を持って「はい」と答えられるなら、今の自分自身を褒めてあげてほしい。逆に、今の自分に納得していなければ、過去のひとつ一つの選択を振り返り、自分自身の判断基準を見直す必要があるのかもしれない。

ただ、あなたが今の自分に納得していなくても、過度に落ち込まなくても良い。僕も昔そうであったように、この世の多くの人は日々の選択など無自覚に生きているからだ。

つまり、それが普通なのだ。けれど、後悔のない人生を生きるために、少なくとも未来に大きな影響を与える重要な選択については、その質を意識してほしい。

実は僕自身も最近、これまでの「人生の選択」について深く考える機会があった。

というのも、ちょうどこの本を書いていた今年（２０２３年）の夏に、十二指腸という消化器官の一つで胃の奥にある臓器に癌《がん》が発見されたのだ。十二指腸というあまりよく聞かない癌だったので、Googleで調べてみたらステージ１でさえ、5年生存率が50％と書かれていた。

「まぁまぁ死ぬな」、これがその数字を知った時の僕の感想だ。そこから手術をするまでの間は、過去のことを思い返す日々が続いた。

最初は寝られない日々が続いたが、冷静さを取り戻すほどに「持たざる環境で生まれ育った僕みたいな人間が、今日までの人生でずいぶん良い経験をさせてもらった。これ以上の人生はなかった」、無症状で発見が難しい癌が早期に見つけられた幸運も考慮すると「これで死んでもしょうがない」と思えたのだ。

そう捉えることができた最大の理由は、数々の素晴らしい出会いがきっかけで、ひとつ一つの選択を自分のありたい姿から逆算して、大事にしてこられたと胸を張って言えることだ。

普段会社を休まない僕がしばらく入院で会社をあけたことで社員には心配をかけてしまったけれど、幸いなことに腫瘍の摘出手術もうまくいったので今はおかげ様で全快して元気に仕事ができている。

後悔のない人生にするには日々のひとつ一つの選択が大切であるということを、僕は身に染みて実感している。

今の自分に満足していない人はぜひ、「人生は選択の総和」という言葉を心に留めて、自分の日々の選択を大切にしてほしい。今この瞬間から、自分の力で後悔のない自由な未来を作ろう。

まとめ

- 自分の選択が人生を決める
- 過去の選択が今を、今の選択が未来の自分を作る
- 選択する時の自分の判断基準を持て

2. 経験したことがないものに情熱は注げない

人生は選択の積み重ねだと書いた。では、選択の質を上げるためにはどうすればよいのか。後悔のない選択をする上で大事なポイントは夢や目標を決めることだ。

こう書くとありきたりに聞こえるかもしれないし、「夢や目標なんてない」という方も大勢いるかもしれない。ここでの目標は必ずしも崇高なものである必要はない。

お金持ちになりたいでも、モテたいでも、痩せたいでも、叶えたいと思えるものであればなんでもいい。大事なのは目指す方向性を定めることだ。それらが決まれば、日々の大なり小なりの選択をそこに向かって積み上げていくことができる。

夢や目標を見つけるのは決して簡単ではない。起業してからというもの、毎年いくつかの大学で講演を依頼されることがあるが、講演の最後の質疑応答の時間で学生のみんなから必ず出る質問がある。それは「私は何がやりたいのか、何が好きかがわからないんです。どうすればいいですか？」というものだ。

では、どうすれば夢や目標を見つけることができるのか。僕のこれまでの経験上、夢や目標を見つける大事な方法の一つとして、「経験したことのないことを経験してみる」ことをおすすめしたい。

小学校低学年の子に、「好きな食べ物は？」と聞いて、かえってくる答えはハンバーグやカレーが多い。キャビアや北京ダックと答える子どもは滅多にいない。当たり前だけど人は食べたことがないものを好きにはなれない。

これと同じで、経験したことがないものを人は好きになれないし、情熱を注ごうなんて思えない。つまり、明確な夢や目標が見つからない人は、夢や目標が見つかる経験やその経験をするための行動が足りないのだと思う。だから多くのことを経験し、知ることで、自分の世界を広げ、夢や目標を見つけやすくすることが大事だ。

僕の先輩の経営者に國光宏尚という方がいる。現在はインターネットコンテンツを提供する会社の経営者で、最新技術を扱う領域では著名な方だ。

國光さんは阪神・淡路大震災を機に、自分の生き方を見つめ直すため24歳で上海の大学へ入学し、その後はチベットをはじめとするアジア諸国、北米、中南米など約30ヶ国を飛び回った。

その後、映画やドラマのプロデュースの仕事に加え、さまざまなＩＴ系の新規事業の立ち上げに関わり、さらに会社を大成功（株式上場）させて現在に至るという、とにかくいろんな物事を経験しながら自分に向き合ってきた方だ。多くのことを経験し、いろんなことを知ることで、自分の世界を広げ、夢や目標に向き合ってきた人と言っても良いと思う。

夢や目標が見つからない人は、國光さんのようにはいかなくても、できる範囲で多くのことを経験してみてほしい。自分の世界を広げる一歩を踏み出してほしい。

夢や目標を見つける道中で、多くのことに触れ、多くの人と出会い、多くのことを考えることになると思う。

明確なものが見つかるまでは、この項の冒頭に書いたように、お金持ちになりたいでも、モテたいでも、痩せたいでも構わないから、自らが自由を摑める方向に選択の舵を取り、行動をし続けることが大事だ。

まとめ

●夢が見つからなくても大きな方向性を探せ

●夢を見つけたいなら多くの経験をしろ

●自分の世界を広げるために行動し続けろ

3．夢や志は努力した先に神様が与えてくれる

新しい経験をしようとアンテナを張ることは大事なことだ。一方で、実際には、みんな、学校や仕事、家事の時間に追われていたり、経験のために投じられるお金にも限りがあったりする。

そこで、もう一つの方法を紹介する。僕の知るほとんどの人はこの方法で、自分の夢や目標、「これを成し遂げたい」という志《こころざし》を見つけている。

その二つ目の方法とは「まずは目の前のことに没頭してみる」ことだ。ちょっとした興味とか、「この人と働きたいな」とか、何のきっかけでもいいけど、「頑張れそうだな」と思うことにとにかく一生懸命向き合うことだ。

向き合い続けることで、そのことに詳しくなり、詳しくなるうちに課題が見つかるようになる。その領域に没頭できれば得意になり、得意になれば必要とされる喜びを知り、そしてもっと好きになる。

学校の勉強でも、部活でも、アルバイトでも、今なんとなくやっている仕事でも、とにかく目の前のことにまずは没頭してみてほしい。目の前のことに没頭してさえいれば、少

しずつ道が拓けていき、いつしか結果として目標や使命が見つかる。

僕もスポーツジムのトレーナーとしてキャリアをスタートするまでは、本当に何も持っていない空っぽの人間だった。周りに嫉妬したり、時に非行に走ったり、真っ当な生き方とは程遠く、当然、前向きな夢や目標なんて何もなかった。

ただ、高校在学中から始めたトレーナーの仕事が大きな転機になった。当時のトレーナーの業界は実力や人気がものを言う世界で、周りの優秀な先輩達に技術で勝てるところが何一つ見つからない中、悪戦苦闘していた。

自分にできることは何かを必死になって考えた結果、「せめて僕は、お客様の悩みやお客様の成果に、お客様以上に本気になることだけは絶対にこだわろう」と決めて仕事をした。

日々寄せられるお客様からの悩みに真剣に向き合った。お客様の体の痛みの原因がわからなければ勉強をし、意欲がなかなか続かないお客様がいれば、どのようにアプローチするのが正しいのかを先輩達に聞いて回った。

そうすると、次第に仕事が得意になって、得意になると必要とされることが増え、必要とされるようになったらどんどん好きになって、いつしか一目置かれる存在になり、自分の身の丈以上の評価を得られるようになった。

業界で僕の名前が広く轟《とどろ》くようになり、さらに、トレーナーの業界や日本のフィットネス・ヘルスケア業界の色々な課題が見えてくるようになった。

いつしか「それらの課題を解決するのは溝口君だよ」と多くの先輩方から期待を寄せられるようになった。期待されることで「それに応えたい」といった感情が芽生えるようになり、気づけばそれが自分の選択における重要な判断基準に変わった。

僕は目の前のことに没頭したことで、結果として目標や使命が明確になっていったのだ。

つまりは夢や志は努力した先に神様が与えてくれるものと言っても良いだろう。未来の選択肢を増やすためにもまずは目の前のことに没頭してほしい。

まとめ

●色々な行動をするためのお金と時間には限界がある

●まずは目の前のことに没頭しろ

●全力で取り組んだご褒美として、夢や目標を見つけることができる

4. 掲げた目標は常に念頭に置け

選択の質を上げる上で、大なり小なりの夢や目標の設定と方向性が必要であること、そしてそれらの見つけ方を書いた。

しかし、夢や目標を立てるのと同じくらい、もしくはそれ以上に、「それらを念頭に置き続けること」が大事であることを覚えておいてほしい。

このことを話す時に、僕は親友であり、ＳＨＯＷＲＯＯＭ株式会社の社長である前田裕二が教えてくれた流れ星に関する話をよくする。

あなたは「流れ星に願い事をすれば夢が叶う理由」を知っているだろうか。

「星の聖なるパワーが夢を叶えてくれる」といったスピリチュアルな要素ももしかしたらあるかもしれないが、論理的に説明できる考え方がある。

想像してほしい。夜空でパッと輝く流れ星は、見つけて1秒も経たずに消えてしまう。その一瞬を逃さず、自分の夢や目標をパッと頭に浮かべることができる人は、常日頃から「夢や目標を念頭に置いている人」とも言い換えることができる。

人生は選択の総和であり、ひとつ一つの選択が積み重なって「今」が作られるとすでに書いたが、夢や目標を念頭に置くことで日常の小さな無意識レベルから、人生を分かつような大きなものまで、その選択の質を上げることができるようになるわけだ。

流れ星だけでなく、自分のなりたい姿やありたい姿、叶えたい夢や願望を、手帳に記録し、そのメモを折に触れてチラチラ見返すのも、勉強机の前に目標を書いた紙を貼るのも、毎日神棚に手を合わせてお祈りするのも、本質的には同じだと僕は考える。夢や目標を念頭に置くことの大事さを示すものだ。

元旦に1年の目標を立てても、1ヶ月経てば、約90％の人が忘れてしまうというデータがあるが、やりたいことや目標を常に意識するのは結構難しい。

裏を返せば、そもそも、夢や目標がない人が多く、持っていても平常時はほとんど忘れている人ばかりなのだから、意識し続けることができれば周りと大きな差がつくはずだ。

僕自身、1日を始める際には、神棚に手を合わせ、自分の理想の姿を頭の中でイメージし、祈りを通じてその姿を明確にする。

どこかに不明瞭なブレが見つかれば、ボヤけている部分の解像度を高める努力をする。

これらの行動は、抽象的に言えば「理想や目標を意識し続ける」ためにやっているのである。このようなことを毎日心がけていると、いつの間にか習慣になり、日常の選択を夢や目標から逆算して、自信を持ってブレずに行えるようになる。

みんなも自分の頑張りたいことが見つかったのなら、ゴールから逆算してどのように行動すればいいのかを常に念頭に置いて選択してほしい。

夢をただの夢で終わらせないために、掲げた目標を掲げただけで終わらせないために、意識し続けること、そしてそれに向かって選択することが大切だ。

ま と め

- 夢や目標は意識しなければ意味がない
- 毎日意識できるように自分なりの工夫をしろ
- 夢を夢のままで終わらせるな

5. 解像度の高さが未来を作る

夢や目標を念頭に置いて選択することの大事さを書いたが、加えて重要なのがそれらの解像度を高め、実現させるためのロードマップを明確にすることだ。

具体的に言えば「何を」「いつまでに」「どのようにして実現するか」という3点を決めることに他ならない。

例えば、「1年以内に細い腕を太くたくましい腕に変えたい」という目標があるとする。この目標を達成するために「腕を太くするために重要な筋肉は上腕二頭筋と上腕三頭筋だから、これらの筋肉を肥大化させるトレーニングをする」というように少し解像度を上げた目標を立てる。

さらに「1年以内に大きく筋肉を肥大化させるためには、週に3回程度×年間50週程度、合計年150回程度のトレーニングで、なんとか8〜12回程度持ち上げられる重さでダンベルトレーニングをし、リカバリーとしてトレーニング後に必ず30g程度のプロテインを摂取する」など解像度の高い計画を立て行動をする。目標の解像度を上げれば、達成までのステップや計画が立てやすくなり、選択の質が上がっていく。

このように書けば、当然のことのように聞こえるかもしれないが、世の中の多くの人は解像度を上げる作業ができない。

先ほどのトレーニングの例を大学受験に置き換えるならば、解像度を上げるという発想がなく、「東京大学に入学したい」という漠然とした目標のまま終わってしまう人が圧倒的多数だと思う。

だからこそ、意識的に夢や目標の解像度を上げて選択することが大切なのだ。僕の周囲でも活躍している人ほど、目標の解像度を上げることを大切にしている。

例えば、お世話になっているタレントの武井壮さんは、その競技の覇者を「キング・オブ・スポーツ」とも呼ぶ陸上の十種競技の選手であったが、若い頃からトレーニングや食事管理、日常生活に至るまで、目標達成のために細部まで解像度を上げた計画を立てて実行し、十種競技という極めて過酷な競技において、国内外の大会で数多くの賞を獲得した実績を持っている。

先輩起業家の堀江貴文さんも大学在学中、インターネットがまだ今ほど実用化されていなかった頃に「インターネットを使って情報を自由に発信する新時代を作る」という目標を持っていた。

その目標を「大学卒業前」に実現するため、「独自の掲示板サービスを開始する」という具体的な行動を選択し、この掲示板サービスが後に「ライブドア」という名になり、一大ＩＴ企業として日本のインターネット業界を牽引《けんいん》する存在となった。

このように、成功している人は、目標と目標を実現する道筋を明確にしている。お金持ちになりたいなら、お金持ちの習慣や事業を成功させた方法を調べて実行すれば良いし、モテたいなら自分に欠けているところが、髪型なのか、ファッションなのか、あるいはコミュニケーション能力なのか、解像度を上げて、その欠けていたところを引き上げる努力をしたり、長所をさらに伸ばせば良い。

小さなことから大きなことまで、どんな夢や目標でも、それを達成するためには、解像度を上げて質の高い選択をすることが大事だ。

ま と め

●解像度の高さが未来を作る

●解像度を上げるために、「何を」「いつまでに」「どのようにして実現するか」を決めろ

●解像度を上げて選択の質を上げろ

6. トレードオフは真理

あなたは「トレードオフ」という言葉を知っているだろうか？　トレードオフとは「何かを得るには、何かを捨てる」という選択をしなければならないということだ。例えば、あなたは、「一流のプロ野球選手であり、同時に一流のプロサッカー選手でもある」という人を知っているだろうか。

僕自身、サッカーやバスケをはじめ複数のプロスポーツ選手を指導するトレーナーだったが、そのような人は見たことがないし、聞いたこともない。プロスポーツ選手達がその競技で一流になれたのは、誰もが平等に持っている時間を、他の競技に取り組む時間はもちろんのこと、あらゆる娯楽に費やす時間や友人とのプライベートな時間を犠牲にしてその競技一つに集中して割いてきたからである。

よっぽどの天才でもなければ、何かを得るには他の何かをあきらめなければならない、何か人より得意になりたければ何かを犠牲にするしかないのだ。この関係を「トレードオフ」という。

ただ、今の若者の多くが、何かを得るために何かを捨てるという選択に慣れていないように思う。

現代は、自分が興味のある習い事があれば、その全てを親が習わせてくれる傾向が強いと感じるし、昔に比べて社会全体が裕福になったこともあり、何かを捨てるということを受け入れられない人が増えているようにも思う。

選択に悩むと、全てを掴みに行って、全てが中途半端に終わるか、悩んだ末に選択をすること自体をやめて現状を維持する方向に舵を取る若者が多いように思う。「とりあえず」大学や大企業に行くという若者が多いのも、思考停止をしてなんとなくみんなと同じような道に進んでいるか、進路に悩んだ末に意思決定せず、無難な道を選択した結果だと思う。

ただ、人生の時間は限られていて、トレードオフの真理を受け入れて、何かを得るために、何をあきらめるか選択しなければならない。

僕は10代後半からフィットネスクラブで働いた経験も、トレードオフだと思っている。家庭が貧しかったこともあり、大学に通う選択肢もなく、みんなが勉強している中、僕はひたすら働き続けた。

学校での勉強の機会や楽しいサークル活動で得られる出会いは失ったかもしれないが、その分、同級生達が得ていないかけがえのない経験を得ることができた。また、トレーナーの仕事一つをとっても、日々ほどほどにこなすことだってできたかもしれないが、「大学に進学する」という選択肢を与えられてはいない自分は、その4年間で絶対に誰よりも成長すると決めて、自分の選んだ道を正解にするために、毎日必死に働いた。そして次第に、周囲に認めてもらえる存在になり、一流のアスリートを担当できるようになったり、経営を任せてもらえるようになったりした。

繰り返すが、全ての人に平等なものは時間である。身長も、体格も、容姿も、頭の良さも、生まれた環境も、世の中は不平等なことが多い。でも、時間だけは全員に平等といえる。ではその平等な時間を何に使い、何に使わないのか。覚悟を持って何かを捨てるという選択ができた人が、「何者か」へと成長し、悔いのない人生を送ることができるのだと思う。

ここまでは耳の痛い言葉ばかりを並べたかもしれない。が、多くの代償を払ってきた僕が最近感じることも最後に書いておく。

それは「夢や目標に向かう過程で捨てなければいけなかったものは、大概は後からでも取り返せる」ということだ。趣味に費やす時間であったり、家族と過ごす時間であったり、古くからの友人との時間だったり。だから安心してほしい。

選択した道を正解にするために、捨てた分だけ努力を重ねていこう。

まとめ

●何かを得るために何かを失う覚悟を持て

●時間は全ての人に平等である

●選択した道を正解にするための努力をしろ

7. １０２４通りの未来

人生は選択の積み重ねであると、ここまで書いてきた。その中には僕達の将来を大きく左右するような選択が存在する。

僕はいつも「人生において10回は大きな分かれ道がある」と口にする。例を挙げると、「進路選択」や「結婚」などがわかりやすい。大学に進学するor就職する、結婚するor結婚しないなど、二つの選択を10回繰り返していくとすると、2の10乗、つまり「１０２４通りの未来」が存在することになる。あなたが持つ１０２４通りの未来。どの未来に辿り着くかはこれからのあなたの選択次第だ。まだはっきりとしていなくても、最高の自分になれる素晴らしい未来があるのなら、その未来に辿り着くように後悔のない選択をしてほしい。

その上で必ず注意してほしいのが、大きな二つの選択肢を前に、多くの人が「楽な方か」「簡単な方か」という基準で選択してしまいがちなことだ。大事なのは、この章でも触れたように、自分のなりたい姿や達成したい夢や目標を常に念頭に置きながら選択をすること。その時々の感情や、弱い自分にとって都合のいい周囲のアドバイスに左右されず、目標に少しでも近づく確率を上げる選択をし続けることだ。辛い困難から逃げず、最後まであきらめずに、強く自分を律することができれば、おのずと「１０２４通りの中の最善の未来」を作ることができる。

自分の過去を例にすれば、21歳の時にテレビを捨てた。きっかけは、会社が立ち上げた大きなプロジェクトの責任者になったことだった。

プロジェクトの内容は5億円の予算を使い宇都宮の一等地にあるビルの2フロアを借り、大型のジムと3面のスタジオを開業し、同時並行で当時人気があった岩盤浴サロンを開業するというものだった。責任が重いこともわかっていたし、当時の年齢を踏まえると身の丈に合わない大役だったけど、仕事の頑張りを評価してもらい、任せてもらえたことが嬉しかった。

だから、「絶対に成功させてやる」と決意して、身一つで単身宇都宮に引越した。その時に、時間の使い方を徹底的に見直そうと考えた。例えば、テレビを1日2時間見ると、1ヶ月は30日なので1日2時間×30日で60時間になる。これを1年という単位に置き換えると60時間×12ヶ月＝７２０時間。この時間を日に換算すると30日にもなる。つまりテレビを見ない選択をした場合、僕の時間はテレビを見ている人より、１ヶ月増える。元々テレビを人並み以上に見る生活を送っていたけど、全ての時間を仕事に注ぐと決めたから、宇都宮への引越しと同時にテレビを捨てた。

　責任の重さや誰一人知り合いのいない新しい土地での暮らしに不安やストレスもあったけど、断る選択肢もあった中でプロジェクトの責任者を引き受けたのは、当時の僕としては大きな選択だった。そして時間を無駄にしないようにテレビを捨てたのは、小さな選択だったけど意味のあるものだった。

　大小さまざまだけど、これまで惰性に流されず、夢や目標に向かって積み上げてきた全ての選択によって、今は少しばかり「自由」を手に入れたと思う。

　人生においての地獄は、無駄遣いしてしまった時間、それによって才能を開花させられなかったこと、成し遂げられたはずだったのに成し遂げられなかったことや、やっぱりあの時「こうしておけばよかった」と後悔してしまうことだと思う。そんな人生になってしまったら、自分よりも若い世代の子達が努力して、成長を重ねて、あらゆることを成し遂げていく姿をきっと応援できなくなってしまうのではないか。もっと言えば足を引っ張ったり、揶揄《やゆ》したりしてしまうのではないか。そんな自分を想像するだけで恐怖すら湧いてくる。僕はそんな自分にはなりたくないし、あなたにもそんな人にはなってほしくない。だから僕はこれからくる大きな分かれ道の際も、僕が考える「人生の最高到達点」を限りなく高める選択をするつもりだ。それができたら人生の最後を迎える時も、きっと後悔はないはず。あなたの人生も、あなた次第で、あなたの選択次第で、何色にも変えることができる。惰性や目先の欲、感情に流されてしまう弱い自分に負けず、１０２４通りの未来がある中で、自分が最高にやり切ったと思える未来に向かって突き進んでほしい。

まとめ

- 今の人生は無数の選択肢の中から自分が選んだ人生だ
- 惰性に流されず、目標達成のための選択をしろ
- 自分のなりたい姿から逆算した選択が後悔のない人生につながる

第二章

成長

自由な人生を掴み取るためには成長し続けることが必要だ。そして、そのためには正しい方向に努力すること。そして自分を引き上げられる環境に身を置くことが重要だ。

1．初めの1万日が人生を決める

サーファーであれば誰もが知る「ワンマン・ワンウェーブ」というルールをご存じだろうか。これは、「一つの波には一人しか乗れない」というルールだ。1ヶ所に10人のサーファーがいたら、すでに実力のあるサーファーほど、次々に波に乗ってさらなる経験を積み上げていく。それを繰り返すうちにますますサーフィンがうまくなる。経験の浅いサーファーは、実力のあるサーファーの出方を延々と読み続け、自分自身は小さな波にしか乗れずになかなか成長の機会を得られない。もっとわかりやすく言うと、チャンスがきた時に、そのチャンスを摑めるのは、すでに成長しているサーファーで、得たチャンスを通してもっと成長するため、他の人との差はさらに開いていくということだ。

社会で活躍できるか否かも同様で、体力や好奇心が旺盛で、人からの応援も得やすい若い時代に成長できるかどうかでその後の機会を摑めるかが決まる。

会社でも早くから仕事に打ち込み、実力をつけた人は、大きな責任を担うチャンスを得て、成長しやすい。そしてさらに大きな成長機会が降ってくるようになる。反対に、若いうちに成長を目指そうとしない人は、すでに実力の高い人と比べて、難易度の低い機会しか得ることができず、少しずつしか成長しない。よって、能力の差によって、さらに実力の差が生まれてしまう。

この項のタイトルに話を向けると、男性の平均寿命は81歳程度だから約3万日という計算ができる。その3分の1に当たる、人生最初の1万日目までに芽が出ている人ほど、その後の人生で他の人よりも突き抜けてチャンスを摑む機会に恵まれるのだ。

その意味では、初めの1万日が人生を決めると言っても過言ではない。もちろん、1万日を過ぎてしまった、30代、40代、それ以降の年代でも活躍できる可能性はあるが、挽回には相当な努力が必要であることを自覚すべきだ。

だとすると、人生最初の1万日は、勉強や仕事を通じた成長にほとんどの時間を費やしても良いのではないかと僕は思っている。

実際、起業家も、スポーツ選手も、ミュージシャンも、僕が知っている限り、大きな活躍をしている人の中で、それぞれ若き日に身を置いてきた環境で頭角を現さなかった人はあまりいない。みんな、早いうちに努力を重ね、それぞれの環境で頭一つ抜けていたわけだ。

後悔のない人生を送る上では、活躍する領域を問わず、人生のスタートダッシュでいかに成長できるかが重要になる。ただし、注意が必要なのは、ただ闇雲《やみくも》に努力をすれば成長できるというわけではないことだ。正しい方向に努力することが成長への近道と言ってもいい。

そこで、第二章では、成長する上で念頭に置いてほしい内容を書き記している。

若者にとっては良い人生のスタートダッシュをする上で参考になるだろうし、30代、また40代以降の方も、若者と比べハードルは上がっても、年齢を問わず成長する上で重要なことが書かれていると自負している。

何より周りの若者に伝えてあげてほしい考え方を書いているのでぜひ参考にしてみてほしい。

まとめ

●最初の１万日で勝負をかけろ

●若いうちは成長のために時間を使え

●努力は正しい方向にしなければならない

2. 脈拍を上げる挑戦が自分を成長させる

人生において自由を摑むためには成長が必要だということ、特に若い時代に成長を目指すことが大事であると書いた。

ではどうすれば人は成長するのだろうか。それは、脈拍が上がる挑戦をし続けることだ。脈拍が上がる挑戦とは、胸がドキドキしたり、心が弾んだりする挑戦だ。脈拍が上がる時は、多くの場合、慣れていなかったり、やったことがなかったり、新しいことに緊張感を持って取り組んでいたりすることが多い。そのような挑戦を重ねていく中で、今までは理解できなかったことが理解できたり、今まではできなかったことができるようになったりして人は成長を遂げていく。

ここで言う脈拍が上がる挑戦とは、大きな会社の社長を務めるとか、人類初のことに挑戦するなど、必ずしも立派であったり、壮大であったりする必要は決してない。

5歳の子にとってはもらった小銭を握りしめながら人生で初めて行くお使いが脈拍を上げる挑戦だし、高校生にとっては一人で海外留学をすることが脈拍を上げる挑戦かもしれない。

子どもが生まれ、親として初めてする子育てだって脈拍の上がる挑戦かもしれない。それぞれ挑戦の大小を問わず、自分が現在立っているステージに応じた、脈拍の上がる挑戦を繰り返すことによって人は成長していくのだ。

あなたは、今日までの人生で脈拍の上がる挑戦をどの程度してきただろうか。日々新しいことに触れて自然と脈拍が上がった幼少期とは違い、大人になるにつれてそのような体験は意識的に摑みに行かないとできなくなってしまうものだ。

僕自身、今では複数の会社の社長という立場だが、17歳でトレーナーになると決めた時も、27歳の時に初めてFiNCを創業した時も、振り返ると当時の自分にとって、脈拍が上がる挑戦だった。

しかし、もし今ここでトレーナーに再び転職しても、会社を立ち上げても、おそらく昔のような興奮はない。だからこそ、自分のステージに合わせて、もっと大きくて難しいことに挑戦しなければ、自らの成長も止まってしまうわけだ。

あなたは今、脈拍を上げられているか自問自答してほしい。もしもその問いに対しての回答がNOであるならば、自分が脈拍を上げられる挑戦が何かをぜひ探してみてほしい。

勉強であれば、すでに知っていることが増えてきたら新しい領域に関心を向けてみるとか、仕事で同じ役割や業務をずっと担っているのであれば上司に相談し新規事業を立ち上げてもいいかもしれない。

あなたがもしも居心地の良い場所で甘んじているのであれば、それは弱い自分の目先の感情を優先するあまり、将来の自由を奪っている可能性だってある。

「脈拍を上げる挑戦が自分を成長させる」、このことを心に留めて毎日を過ごしてほしい。

まとめ

- 成長のために脈拍の上がる挑戦をし続けろ
- 脈拍の上がる挑戦とは、それぞれのステージによって異なる
- 現状に甘んじて、挑戦から逃げるな

3. トップ0・8％の人材を目指せ

僕は今日まで講演会やインタビューなどで若者に話をする際に、「0・8％の人材を目指せ」という話を度々してきた。

例えば、あなたが講演会に参加者として聞きに行ったとする。そして会場にはあなたを含めて1000人の観客がいるとしよう。その講演で聞いた話がいかに学びが多く、とても素晴らしい内容であったとしても、その話を必死に理解しようと集中して聞くのは、1000人の中でも約20％の200人くらいだ。

そこから話を正しく理解できた人の中で、実際に学びを行動に変えようとするのは200人のうちから20％の40人程度になる。

さらにその行動を継続し続けるのが40人のうちから20％の8人だけになる。なので一つの話に対して、理解して、行動して、継続できる人は1000人いて最後はたったの8人、つまり「0・8％の人材」だけなのである。

何かで結果を出して成長していくのはこの0・8％の人達だ。だからあなたもトップ0・8％の人材を目指してほしい。裏を返せば、人の話を聞いたり、本を読んだりなど、情報に触れる際は、理解・行動・継続につなげることを念頭に置くことが大事だ。

これらは当然のことのように聞こえるかもしれないが、何かを知っても多少の理解をしただけで満足し、行動・継続に至らない人は本当に多い。

一流大学の経営学部出身者の大半が、経営ができるわけではないのと同じで、物事を知っていることと、行動して継続できることの差はとても大きい。繰り返すようだが、成長を目指すなら、行動と継続までやり切ることを必ず覚えておいてほしい。

僕自身、20代の頃から、常にこれらを意識しながら、人の話を聞くようにしていた。例えばセミナーに行った時に、他の誰よりも集中しているかを自問しながら話を聞き、理解のずれをなくすために、講師の人に質問をしたり、終了後には学んだことをブログにまとめたりして、自分の思考にインストールしようと努めてきた。

学んだことを事業で活かすことは今も含めてずっと意識している。自分は0・8％の人材の話の聞き方や行動をしているかという意識を持ち続けたことで、成長することができたし、それが確実に今につながっている。

「他の人と比べて、自分には特別な才能がない」と言葉にする人をこれまで何人も見てきたが、その中で本当に才能がないと言い切れるだけの努力をしている人を僕はほとんど見たことがない。

人生や仕事があまりうまくいかない時に、「こんなに努力してるのに」「こんなに頑張ってるのに」と思う人は多いが、もしあなたが真摯《しんし》に理解に努め、行動し、継続できる人になれば、それだけで必ず上位0・8％の人材になれる。

どうかそれらを念頭に置いて、大きく成長してほしい。

まとめ

- 継続までできる0・8％の人材になれ
- 人の話はただ聞いているだけでは意味がない
- 自分には才能がないという言い訳はするな

4．疑念と敬意

成長して自由を手に入れるためには、「疑念と敬意」を持つことがとても重要だ。人は誰しも、物事を判断する時に、自分の知識や過去の体験、それと常識を照らし合わせるということを無意識に行う生き物だ。

その中で知らず知らずのうちに自分の中で偏ったモノの見方やモノの捉え方をしてしまうわけだが、この偏りのある自分の価値観や考え方を少し硬い言葉で「固定観念」と呼ぶ。この固定観念に囚われてしまうと、人の意見を聞けなくなったり、自分の意見を変えられなくなったりして、結果的に成長の機会を失うことになる。

誰か近しい人が指摘をしてくれたらまだ良いが、「この人は聞く耳を持たないな」と思われた瞬間、何も言わずに見放されてしまうのが歳を重ねた先の現実だ。

この「固定観念」から脱して、日常や他者からの学びの吸収率を上げるために必要なのが、「疑念と敬意」を持つことだ。自分は間違っていないだろうか、思い込みをしていないだろうかと、常に自分には「疑念」を持ち、また、相手はどう考えているのだろうか、どのような意図で発言したのだろうかと、他者の考えには「敬意」を持って接することで、偏った思い込みから抜け出すことができる。

この「疑念と敬意」を持たないと、あなたも無意識のうちに、自分の考えに囚われて学びの吸収率を下げてしまうので要注意だ。

部活や仕事の場面を思い出してほしい。あなたが「良い先輩や良い上司はチームメンバーひとり一人の意見を聞いてくれる人だ」と思っていたとしよう。そうすると、時に強引に物事を進める人は、ダメな先輩や痛い上司に思えるだろう。

しかし、疑念と敬意を持つ姿勢があれば、「少し乱暴には思うけど、試合日や締め切りが近い中で、ひとり一人意見を募っていたらまとまらないな。批判を受けるのは承知の上で、残された時間で結果を出すために、リーダーシップを持ってプロジェクトを進めているのかもしれない」と相手の考えや背景を想像できたり、そこから学びを多く得られる。

実際、僕は、経営者、アスリート、俳優、芸人など、さまざまな分野で「一流」と呼ばれる人達を間近で見てきたが、彼らが共通して持っていると感じるのが、この疑念と敬意の姿勢だ。『神の雫』や『金田一少年の事件簿』をはじめ数々のヒット作を生み出している超一流漫画原作者の樹林伸さんも、相手の話を聞く時の姿勢についてこのように教えてくれた。「俺は、他人の意見を聞く時、自分の意見が5、相手の意見が5だった場合、迷わず他人の意見を選ぶように心がけている。なぜなら、人間は絶対自分の意見が可愛いし通したいと思うからだ。6対4で自分の意見がいいかな、と感じた時に、初めて議論する。議論して、やっぱり相手の意見を選ぶことも多々ある。自分の意見を基本優先して通すのは、7対3以上に差がある時だけ」。名作を生み出し続けている樹林さんであっても、「自分の意見が可愛い」という思い込みを自覚した上で、常に自分の意見に「疑念」を持ち、相手の意見に「敬意」を払っているというのだ。裏を返すと、そうした姿勢があるからこそ、時代や世代を超えて大ヒット作を生み出せるのかもしれない。

良い大学を出たり、名前の通った大企業出身の人、小さな成功体験や経験を重ねた人ほど思い込みが強くなりやすい。だからこそ、あなたも自分のステージを問わず、疑念と敬意を持つことで自分の世界や可能性を狭めずに、成長につなげることを意識して生きてほしい。

まとめ

●自分には疑念を、相手には敬意を持て

●固定観念が成長の邪魔になる

●小さな成功や経験に囚われるな

5．心のサイドブレーキを引くな

成長をする上でとても大切なのは「心のサイドブレーキ」を引かないことだ。

悩みや迷いを抱えながら、いわば、心のサイドブレーキを引きながら行動をする人は決して少なくない。例えば、英語を勉強する時、本屋さんにたくさんの教材が並ぶ中で、「どの教材で勉強するのが、一番効率よく英語力が上がるのだろうか」と悩みながらネットの評価や友達のおすすめを基に教材を選ぶ。

その後、実際にその教材を使って勉強するわけだが、散々悩んでその教材を選んだのにもかかわらず、「この教材で勉強して本当に英語力は上がるのかな。もしかしたら他の教材の方がいいのかも」とまだ教材について迷いを持ちながら、勉強に向かう人も多い。まさにこうした状態こそ心のサイドブレーキを引いている状態と言える。「悩んだ末にこの教材にしたのだからきっと大丈夫。これで勉強しよう」と心に決めて黙々と勉強する人と、サイドブレーキを引いている人とでは、どちらが成長するかは明らかだろう。

一度悩んだ末に結論を出したなら、あとは、多少の効率の差はあれど、その場でまた悩んで立ち止まらずに、選んだ選択肢を正解にするつもりでひたすら実行に移す方が成長は速い。ある意味、当たり前のことを書いているようだが、進路や仕事や人生においてもサイドブレーキを外せない人は事実としている。

現在は会社の中核メンバーで、当時は会社のインターン生だった木幡君も元々サイドブレーキを引きがちだったが、あるタイミングでそれが外れたことで大きく成長した。彼は関西の難関私立大学で学年トップの成績だった子で、東京にある僕の会社での本就職を前提に、たくさん悩みながらも周囲の反対を押し切って上京し、インターンシップをすることを決断した。

ただ、決断はしたものの、入社して数ヶ月経って、大学の先輩が名のある大企業の就職を決めたり、親や大学の先生が安定した進路をすすめたりする中で、「本当にこのままスタートアップに就職しても大丈夫なのか」「新卒カードは一度きりしか使えないのに、みすみす大企業に入社する選択肢を捨てるようなことをして後悔しないか」と悩むようになった。

元々地頭もよく突出していた存在であったにもかかわらず、悩みを抱えたままインターンシップに参加する彼は思うように成長できず、同期の中で一番伸び悩んでいた。

その原因が心のサイドブレーキであることを知った彼は、「まずは目の前の業務に懸命に向き合うこと」を選択するのだが、その後の彼の成長は凄まじく、吸収量が一気に伸び、今では会社の若手のエースにまで成長している。

進路をはじめ大事なことを決める時に悩むのは当然である。しかし、悩んだ末に決断したにもかかわらず、決めた後も悩み続けて、心のサイドブレーキを引いていたら、せっかくの成長の機会を逃してしまう。

本当に成長したいのであれば、そのような心のサイドブレーキを外して自分が決めたことに全力で向き合うことを意識してほしい。どの道が正解かなんてわからないのだから、最後は自分が選んだ道を自分自身で正解にするつもりでフルアクセルを踏もう。

まとめ

●一度決めたら迷わず進め

●選んだ選択肢を正解にしろ

●心のサイドブレーキを外しフルアクセルを踏め

6. 自分だけで成長できるほど甘くはない

成長するために心に留めておいてほしいのが「成長は自分だけでできるほど甘くない」ということだ。ここまで成長につながる心構えを話したが、本質的なフィードバックをたくさん受けられる環境に身を置くことも大切だ。ここで言うフィードバックとは、自分の足りないところに対し指摘やアドバイスをもらうことだ。その役割は地図やコンパスのようなもので、現在の地点と、本来自分が向かうべき地点のずれを伝えてくれる。地図やコンパスなしに自分一人で目標地点に辿り着くのが困難であるように、常に自分のことを客観的な視点でフィードバックをしてくれる相手を近くに置くことも大事だ。

そしてフィードバックは質だけでなく量も重要である。例えばあなたがサッカー選手だったとしよう。毎日、監督やコーチからフィードバックがもらえる環境と、週に一度しかフィードバックをもらえない環境ならどちらが成長するだろうか。答えるまでもなく、毎日フィードバックを得られる環境の方が成長する。

しかし、社会に出ると、意識的にフィードバックをもらいに行かなければ、誰かに自分のことを指摘してもらえる機会はなかなか得られない。プロアスリートの世界では、質の高いフィードバックをくれる名監督やコーチ、トレーナーをつけることは常識だが、社会に出たあなたに必ずそのようなフィードバックをくれる指導者や環境が与えられるとは限らない。では社会でフィードバックを受けるにはどうすれば良いか。

一つは、自らフィードバックをもらえる環境を求めに行くことである。

実際、僕の会社では、たくさんのフィードバックが得られる仕組みやルールを用意している。例えば、1日の終わりに、今日の自らの行動を振り返る日報の提出をルールにしている。これにより自分自身を振り返る機会になるのと同時に、その内容を見た上司や同僚によるコメントを通じてフィードバックが得られるようになっている。

また一般的な大企業で年1回程度行われる昇給が紐付く評価面談も、僕達は年4回の頻度で実施している。これは会社や上司、同僚からの評価（フィードバック）と向き合う機会を増やすためだ。他にも毎週月曜朝に担当事業の進捗を上長と確認する場を設けたり、マネージャーとの振り返りのミーティングを週1で実施したり環境作りを徹底している。これらを全て実施するのは正直、時間もお金もかかるし大変だ。しかし、フィードバックの機会が増えることで社員が成長してくれるなら、必要な投資だと思って積極的に取り組んでいる。

自分だけで成長するには限界があるし、自力では改善すべきところに気づけないのはよくあることだ。だからこそ、フィードバックがたくさん得られる環境に身を置き、たとえ得られない環境であったとしても自らフィードバックをもらいに行く、こういった姿勢を大事にしてほしい。

もちろん、受けるフィードバックが全て正しいとは限らないし取捨選択も必要だ。また、正しいフィードバックを得られる環境がそもそも少ないので、そうした環境を探すのが難しいといった問題もあるだろう。十分なフィードバックが受けられる環境がない人も、最低限この本を参考に自分に対してセルフフィードバックをしてみてほしい。

これまでフィードバックの大切さを意識して、自分も成長し、社員も成長させてきた身として、それだけ自信のある内容をこの本には詰め込んでいる。本質的なフィードバックをたくさん受けられる環境を求めつつ、まだその環境にいない人も、自由を摑むために必要な指針として、この本をうまく活かしながら成長してほしい。

まとめ

- ●フィードバックがある環境に身を置け
- ●フィードバックは量も質も重要だ
- ●自らフィードバックをもらいに行く姿勢を見せろ

7. 自分に刺激を与えてくれる30人を周りに置け

人は環境に左右される生き物だ。人はいつも周りにいる30人の平均値にしかなれないと言っても大げさではないし、その30人が人生の到達点を決めると言っても過言ではない。

僕は、10年ほど前に小山薫堂さんとセルジュ・ブロックさんの絵本『いのちのかぞえかた』（千倉書房）を読んだ。この本によると、僕達は生涯で東京ドームが満員になる数と同じ5万人と出会うが、この中で名前と顔を覚えている人は約３００人、友人と呼べる人はわずか30人だという。

人の意志は決して強くはなく、良くも悪くも周りの人に流されやすい。予備校に入って東京大学に合格しようと思っていたとしても、同じクラスメイトが遊びまくっていたら、自分もつい一緒に遊びたくなってしまう。「だるい」「めんどくさい」などとネガティブな言葉ばかり言って、頑張らない人が近くにいたら、自分も流され、いつしか頑張らなくなる。そして、自分の成績はいつまで経っても上がらなくなり、最悪の場合、東大合格という目標すら忘れてしまう。

反対に、いつも外が真っ暗になり、閉室時間ギリギリまで残って、勉強をする友人に囲まれていたら、「自分もやらないと」といった良い焦りが芽生える。このように周りの友人や仲間は、自分自身の刺激やモチベーション、成長においてとても重要な役割を果たすのだ。

幸運にも僕には、とんでもなく刺激を与えてくれる仲間がたくさんいる。自分の目標に対して妥協することなく、大きな成果をあげている彼らの存在は、僕の中の情熱に火をつけてくれる。

類は友を呼ぶと言う通り、金メダリストの友達の話を聞いていると、彼の周りには金メダリストの友達が多く、活躍する経営者の友達には、やはり活躍する経営者が多い。ここから言えることは、魅力的になればなるほど魅力的な人が周りに集まるということだ。人は人で磨かれるという前提に立つと、高いレベルで互いに刺激をし合って、学び合って成長していく。

このポジティブな流れに途中から乗るのは年齢を重ねるにつれて難しくなる。第二章の最初で、人生初めの1万日は成長に時間を捧げることをすすめたが、刺激的な仲間と出会うためにも、若い時に成長して自分の価値を上げることがとても重要なのだ。

また、この刺激を与え合う仲間というのは、一生涯変わらないというわけではない。自分の成長やレベルに合わせて常に入れ替わっていくものだ。

小学校の時は毎日遊んだ友人でも大人になると滅多に会わなくなるように、初めは近しい存在でも、環境や取り組むことのレベル、方向性が離れてしまうとほとんど他人に等しくなる。少し寂しい感じもするが、自分が大きく成長すると、あるいは自分が成長できないと、周りとの距離が開いていき、結果、自分にとって大切な30人は常に入れ替わっていくわけだ。

僕は自分に刺激を与えてくれる人を自分の周りに置くことは、才能や、一生懸命努力をすることと同じくらい大切だと考えている。だからあなたも周囲に挑戦心溢れる、前向きな刺激を与えてくれる30人の仲間を見つけて、互いに切磋琢磨しながら成長してほしい。

まとめ

- 周りに流されて成長の機会を逃すな
- 自分に刺激を与えてくれる人を身近に置け
- 人は人によって磨かれる

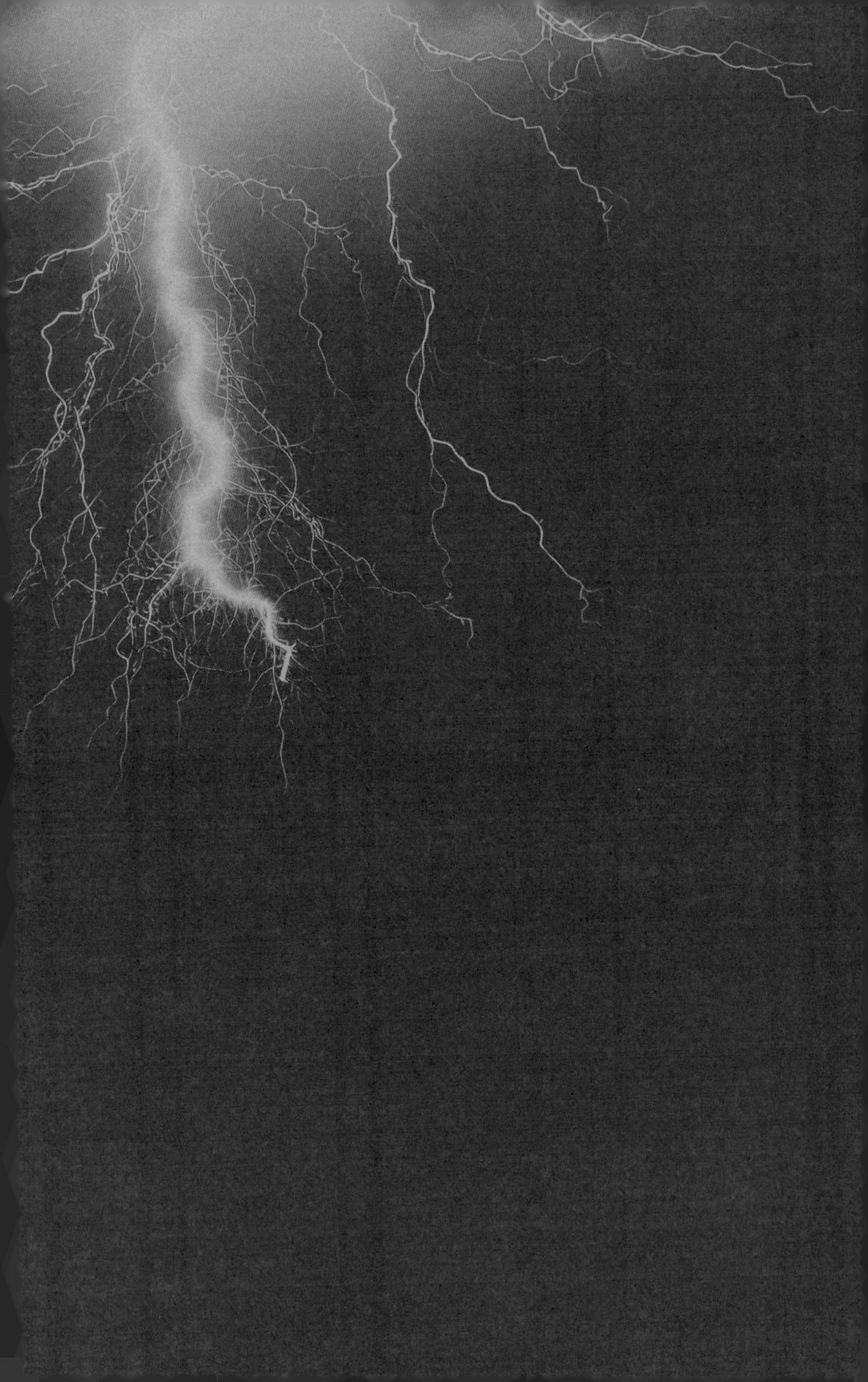

第三章

運と縁

人生で自由を摑めるかどうか、多くは【運】で決まる。そして運とは人との出会い【縁】である。その運と縁を引き寄せるのは、前向きな言葉であり、何があってもあきらめない姿勢である。

1. 運と縁の正体

「運が良かった」

成功した一流のアーティストやスポーツ選手、起業家の多くが口を揃えて言う。

成功者といわれる人達は、常人よりはるかに多くの努力をしている。その努力が全て報われるかというと、必ずしもそうとは言い切れない。だからこそ彼らは、その集大成が実ったことを「運が良かった」と表現する。人生で直面する状況や出来事の多くは「運」に左右される。

ただ注意してほしいのはここで使っている「運が良かった」という言葉は、宝くじが当たったとかおみくじで大吉を引いたとか、そういった小さな「運」を指しているわけではない。「あの人に出会えて人生が変わった」「あの人のおかげで今の成功がある」といった人との出会い、つまるところ「運」＝「縁」だと言っても間違いではない。だから人生は誰に出会えたかで決まるのだ。

あなたにも学校や職場、あらゆる場所でこの人に出会えたから今がある、と思えるような出会いがあったのではないだろうか。

振り返ると、僕のこれまでの人生では、多くの人との出会いが今の自分を作ってくれた。だから僕の人生は実力が５％、残りの95％は運や縁だとも言える。

例えば、高校時代のある人との出会いはまさに運や縁だったと思う。そのおかげで人の温かさを知ることができたし、かけがえのないものを得ることができた。

高校１年生までの僕は「学校の先生」という人達が例外なく嫌いだった。おそらくそれまでの担任の先生も僕のことが嫌いだったはずだ。愛想が悪く、学校にも行ったり行かなかったりで、大人の話には聞く耳を持たない、当時、僕はそんな生徒だった。しかし、高校２年生の時に担任になったみねこ先生は、そんな僕にもよく話しかけてくれ、複雑な家庭環境にも配慮をしてくれた。今だから言える話だが、禁止だったバイク通学をして学校に免許を取り上げられた時も、仕事でバイクが必要な僕のことを心配してくれて免許を取り返してくれた。高校に暴走族４人組が来て、校門の前で「溝口を出せ」と名指しで呼び出された時も、みねこ先生は我先に暴走族の前に飛び出して行って、僕を守ろうとしてくれた。

また、トレーナーとして生きていくことを決めて学校に行かなくなった時、学校から「課題を出さないなら卒業させない」と言われた。僕の意思は変わらずトレーナーになることだったので「卒業はしなくていいです」と伝えた。しかし、みねこ先生が代わりに夜な夜な僕のフリをして課題をやってくれたのだった。そのおかげで僕は高校を卒業することができた。みねこ先生が僕に一生懸命向き合ってくれたおかげで、道を踏み外さなかったし、指導者や教育者という職業に興味を持つきっかけにもなった。そして、先生から学んだ、「人と一生懸命向き合うことの大事さ」は、トレーナー時代や今の組織を作っていく中でとても役に立っているし、その生き方が多くの「運」と「縁」を運んでくれた。

人生は誰に出会えたかで決まる。だからこそ自分で運と縁をどう作っていくかが大事になる。大切なのはどう「運」を引き寄せ、どう「縁」をつないでいくか。

僕は、「運」が良い人にはいくつか特徴があると思っている。「縁」についても同様だ。

しかしあなたは、こう思うかもしれない。コントロールできないから「運」なのであって、非常に稀な出会いだから「縁」と呼ぶのだと。味方につけるといっても、どうしようもないじゃないかと。この後の項目では、僕が多くの人と「縁」をつなぐ中で実感してきた、「運」が良い人の特徴をひとつ一つ見ていこうと思う。

まとめ

- 人生で直面する状況や出来事の多くは「運」に左右される
- 運とは縁である
- 運と縁をどう作っていくかを意識しろ

2. 言霊を信じろ

言霊《ことだま》という言葉を知っているだろうか？

言霊とは発した言葉通りの結果が現れるという、言葉の持つ不思議な力のことだ。スピリチュアルに聞こえるかもしれないが、起業家が会社の売上や利益、時価総額の目標を公言したり、野球選手がホームラン予告をしたり、オリンピック選手が金メダルを獲得することを宣言したりするのをあなたも見聞きしたことがあるだろう。それだけ第一戦で活躍する人達は言葉にすることを大切にしているのだ。

僕の理解では、言霊が発動する理由は、「言葉が運と縁を引き寄せるから」に他ならない。

何度も言葉にすることで、自分の考えが明確になったり、言葉をきっかけに周りに協力・応援してくれる人が現れたり、偶然目にした大事な情報を見逃さなかったりなど、あらゆるものが言葉によって引き寄せられたりするのだ。

僕自身も『BreakingDown』の経営者という立場であるにもかかわらず、『BreakingDown』オーディションで僕に絡んでくる輩や朝倉未来ＣＥＯの無茶振りもあって、格闘技未経験なのになぜか空手全日本チャンピオンと試合をすることが決まった時があったのだが、その際に相手をＫＯすることを、周囲にも、ＳＮＳでも、記者会見の際にも宣言をした。

もちろん、格闘技未経験の僕は勝てる自信があったわけでもなければ、負けた時の恐怖や不安がなかったわけでもない。相手の強さも実際のところ闘ってみなければわからなかったのでなおさらだ。けれど、弱い自分を奮い立たせるためにもあえて公言する道を選択した。

この時もまさに言霊の力が働いた。自分から相談をしたわけではなかったが、『BreakingDown』を一緒に運営している朝倉海君や以前から交流のある安保瑠輝也君が「溝口さん、勝つ方法を教えますよ」と言ってくれて、稽古をつけてくれたり、戦略を授けてくれたりした。

当然、僕の立場は試合があっても、これまでの大会同様、運営トップとしての仕事をする必要があったので、練習時間は限られていたが、その事情も踏まえてそれぞれの支援者が質の高い練習メニューを組んでくれた。

２人以外にも、たくさんのプロ格闘家の指導者からも試合のコツに関する情報が送られてきたり、対戦相手の情報が寄せられたりなど、素人の自分が短期間で予想以上の対策を講じることができたのだ。試合が近づくにつれ、緊張もしたし、不安もあったが、多くの方々の支えもあり、最後は無事に勝利することができた。

このように言葉には運と縁を引き寄せる不思議な力がある。

言葉にすることは確かにリスクを伴うこともある。けれど、あなたも、理想や目標があれば、怯《ひる》むことなく言葉にして、積極的に周囲に共有し、運と縁をつかんでほしい。

ま と め

●言葉は運や縁を引き寄せる

●何度も言葉にすることで、自分の考えが明確になり応援してくれる人が現れる

●理想や目標は積極的に周囲に共有する

3. 陰口は不運や悪縁を寄せつける

「陰口、悪口、愚痴」、これらの内一つでもしている人は大概他の2つもしており、3点をセットで備えている。

あなたも自分の胸に手を当てて心あたりがないかを考えてほしい。

「陰口、悪口、愚痴」を言う人は、言うまでもないが、好印象を持たれにくい。特に、僕の経験上、人生を前向きに生きようとしている人で、「陰口、悪口、愚痴」ばかり言う人と一緒にいたいと思う人は少ない。そういう人の周りからは自然と魅力的な人は離れていくし、魅力的な人がそのような人にあえて近づくことは少ない。そうすると、類は友を呼ぶという言葉の通り、マイナスな発言をする人としか巡り合えなくなる。つまり、「陰口、悪口、愚痴」は不運や悪縁を寄せつけるのだ。

こうしたことは感覚的にもわかる気がするが、どうして自分に得がほとんどなく、むしろ悪影響を与える発言を人はしてしまうのか。

この背景には「自分を守りたい」という気持ちがある。「陰口、悪口、愚痴」を言ってしまう人は、自分自身に問題があっても、それを受け止めきれず、他者を落とす発言をすることで、自分の評価や地位を保とうとしてしまう。こうしたことを踏まえると、「陰口、悪口、愚痴」を言う人は、根っからの悪人というより、自分の課題を受け止められない弱い人という方が正しいかもしれない。だから、「陰口、悪口、愚痴」を言いそうになったら、自分の弱さにまず向き合うようにしてほしい。

このことは会社経営をする中でも何度も実感してきた。

僕は自分の会社で10年間、３６０度評価というものを行っている。この取り組みは上司、同僚、部下といった働く従業員同士で、仕事の取り組み方をお互いに評価するものだ。

僕は3ヶ月に1回、その評価結果をもとに社員と面談をする。この面談を長い間実施してきて気づいたことは、評価が低い人ほど、「陰口、悪口、愚痴」を言っているということだ。

「評価の仕方が不満」「あいつより俺が評価が低いのはおかしい」など、自分と近くで一緒に働く約10人ものメンバーから、客観的に下された評価であるにもかかわらず、それを受け止めずに他者を落とすような発言をしたり、問題の所在を仕組みや会社自体に転嫁することで、自分自身の評価や地位を保とうとするのだ。

自分自身の弱さを受け止めようとしないから周りから良い人が離れていき、同じように「陰口、悪口、愚痴」を言う人だけが集まってくる。そんな惨めな自分と向き合えないからパフォーマンスが上がらず、負の循環に陥っていく。

このように、「陰口、悪口、愚痴」は、簡単に言えてしまうが、自分自身や周囲に与えるマイナスの影響は想像以上に大きい。

当然、これらを続ける限り、良い運や縁は訪れない。自分の評価を守りたい気持ちは誰にでもあるが、あなたは「陰口、悪口、愚痴」で誤魔化すのではなく、自分の弱さと真摯に向き合い、素敵な運と縁を掴む人になってほしい。

まとめ

- 「陰口、悪口、愚痴」は不運や悪縁を引き寄せる
- 自分の課題を受け止められない弱い人になるな
- 自分の弱さとは真摯に向き合え

4．嘘つきは運と縁を逃す

嘘をつくなど、不誠実な行動を繰り返していると運や縁は掴めない。嘘の大小にかかわらず、不誠実な行動を続けてしまえば、周囲の信頼を失い、「関わりたくない」と思われて多くの人が離れていく。結果、誰からも頼りにされることがなくなり、本来は巡ってくるはずだった「運」や「縁」を掴み損ねる。経験豊富な経営者であれば、どれだけ能力があっても信用できない人間を登用することはない。だから信用のない人間に、運や縁は巡ってこない。

あなたもこれまでの人生で、大きな嘘でなくとも、その場しのぎのために、嘘で誤魔化してしまった経験はないだろうか。友達との集合時間に遅れた時、本当は寝坊をしたのに嘘の言い訳をしていないか。仕事でミスして指摘を受けた時、怒られるのを最小限にするための嘘をついてしまっていないか。仕事や学校に行きたくなくて、体調不良と嘘をついてしまっていないか。その時は、その場をしのぎたい。怒られたくない。嫌われたくないなどの思いから嘘をついてしまっているのはわかる。しかし、よく考えてみてほしい。その嘘が明るみに出た時、怒られるでは済まないほど、「信頼」という人として大きなものを失ってしまう。たとえ明るみに出なくても、相手の経験が豊かであれば、優しい言葉の裏で「この人は信用できないな」といったレッテルを貼られることだってある。つまりその場で誠実に正直に伝えて謝ればよかったものを、嘘をつくことで信頼を失い、その信頼を取り戻すには多大なる時間がかかる。すぐには取り返すことができない、大きなものを失ってしまっていることに気づいてほしい。

僕の会社の元社員にも、目先のメリットを求めて、何度も何度も嘘をついてしまった人がいた。以下、A君と呼ぶが、重要なイベントや興行を責任者として信頼して任せていたのだが、進行が幾度となく遅れたこともあり、役員や他のメンバーを休日含めて急遽《きゅうきょ》参加させ、朝から晩までサポートしてもらっていた。そんな中、A君がとても大事なイベントの前日に、急に連絡がつかなくなったのだ。プロジェクトのメンバーの一人が、当日の昼にA君から体調が悪いと聞いていて、もしかしたら倒れているのかもしれないと思い、僕も何度か電話をかけた。やっとのことで電話に出たのだが、耳を澄ませるとA君がいた場所からわずかに賑やかな音がした。なぜ体調が悪いのに、賑やかそうな声が聞こえるのかと思い、今どこにいるのかと聞いたところ、最初は家でテレビをつけていると誤魔化そうとしたが、追及すると、ライブにいると白状してきた。実はA君は、それまでにも複数回、体調が悪くて倒れていたと言ったり、対応すべきお客様からの連絡に対して返事をせずにご迷惑をお掛けしたり、時に悪質な嘘をつき複数の事業で問題を起こしていた。

このような嘘を繰り返していった結果、仲間からの信頼を失い、会社に居づらくなって辞めていった。A君のような人は、当然ながら自分を成長させてくれる責任ある仕事を任されなくなるだけでなく、少しずつ仲間も離れていく。そうやって、運や縁を逃していくのだ。

困難な状況や試練に直面した時、その場しのぎの不誠実な行動で乗り切ろうとするのではなく、誠実に生きて、信頼を得ることを大切にしてほしい。仮に実力が乏しくても、嘘をつかず誤魔化さない人であってほしい。自分の課題を受け止めて次に活かせる人間であってほしい。

また学歴やキャリア、職歴などで嘘をつき、それを信じてもらえたという小さな成功体験を得てしまうと、それに味を占めて、二度と戻って来られなくなるから気をつけてほしい。摑めたはずの運や縁を逃さず、自分の人生を拓けたものにしていくためには、とにかく誠実であること。「嘘つきは運と縁を逃す」。これを肝に銘じることが大事だ。

まとめ

- 信用のない人間に運と縁は巡ってこない
- その場しのぎの不誠実な行動を取るな
- 実力不足であっても嘘で誤魔化すな

5．一緒に高め合える仲間に対してGIVERであれ

ＧＩＶＥＲとは、見返りを求めずに、他者のために与え続けられる人のことだ。与えるというのは、誰かに言われなくても人を気遣うとか、落ち込んでいる人に優しくするとか、苦しんでいる人をサポートするとか、ちょっとしたこともそれにあたる。

あなたは「ジャパンハート」をご存じだろうか。今から約20年前に小児外科医の吉岡秀人先生が「医療の届かないところに医療を届ける」を理念に創設した団体で、なんと発展途上国を中心に恵まれない子ども達に対して、小児癌手術などを含む治療を無償で年間２・５万件ほど実施しているＮＧＯだ。

そんな吉岡先生からもらった言葉がある。「どんな人が幸せになれないかわかるか？それはいつも与えてもらってばかりいる人だ。もしも幸せになりたいなら与える側に回らないといけない。与える側に回れば必ず幸せになれる。そうすれば社会は君のことを必要としてくれるし大切にしてくれるようになる」

この話を僕なりに解釈すれば、「相手のために自分に何ができるのか」を考えるのが大切だということだ。そうすると相手にとって、自分が必要な存在となり、そうやって信頼

関係が生まれ、縁が作られる。その素敵な縁が運をも引き寄せてくれる。

「誰にでもＧＩＶＥしていたらキリがないじゃん」。そう思った人もいるだろう。それもその通りで、誰しも時間は有限だからこそ、最初は近い人だけでも構わない。まずは大切な仲間、一緒に高め合える仲間にＧＩＶＥしていく。そのようにして、ちょっとずつ広げていく。そして、気づいたら多くの人と支え合える関係ができて、たくさんＧＩＶＥしてもらえる人間になる。僕は、特に同じ価値観を持って同じ方向に向かって歩んでいると信じられる相手と出会った時に、無償のＧＩＶＥＲでいることにしている。ＧＩＶＥＲだからこそ、運や縁を引き寄せることができ、結果的に他者と良質な信頼関係を築くことができるのだ。

ある時、ＤＪ社長がリーダーを務める音楽グループRepezen Foxxが「ライブのＰＰＶ配信（有料のライブ配信）を断念しようと思う」という内容のＳＮＳを発信しているのを見かけた。多くのファンがＰＰＶ配信を望んでいるという声を受け、彼らはそれを実施しようとしていたが、直前だったこともあり、大手のプラットフォームからは実現できないと断られ困っているようだった。

彼らの話を聞くと、少しでも多くのファンのために届けたいという強烈な熱い思いがあることがわかった。「僕達に何かできることはないか」と検討を始め、僕達のチームで

Repezen Foxx専用のＰＰＶシステムを無償で作ることにした。それは僕達の会社の機動力と技術力を活かして、３日間でＰＰＶ配信システムを構築するというものだ。結果、当日までにＰＰＶのシステム構築は間に合いファンにライブを届けることができた。僕は当日ライブ会場に行ったが、ファンの熱気が想像以上で、ＰＰＶ配信を実現できて心の底から良かったと感じた。この件を通じて信頼関係が深まり、Repezen Foxxとの深い縁が生まれた。彼らとは今も水面下で一緒にプロジェクトを進める準備をしている。またこの縁がきっかけで、僕達の機動力や技術力が世の中に知れ渡り、数多くの仕事のオファーが舞い込むようになった。つまり、ＧＩＶＥしたことがきっかけで、運や縁を引き寄せることができたのだ。

これまでの人生を振り返ると、不思議なものでＧＩＶＥＲであるほどに回り回って自分達に返ってくるものが多かった気がしている。それはお金では決して得られない運や縁として返ってくることが多い。繰り返すが「相手のために自分が何ができるのか」を考えることが大切だ。あなたがもしもＧＩＶＥＲとして誰かのために何かを差し出していれば、あなたがいざ挑戦しようと思ったり、困った時などに協力してくれる仲間がたくさんできているはずだ。だから、まずはＧＩＶＥＲの精神を持って行動してみてほしい。

まとめ

●ＧＩＶＥの精神が運と縁を引き寄せる

●まずは身近な人にＧＩＶＥをしろ

●ＧＩＶＥＲでいれば、回り回ってＧＩＶＥされる

6．行動し続ける人が運と縁を掴む

スタートアップの業界に長くいると、「社会を変えたい」という大きな目標を掲げる人にたくさん遭遇する。ただ、社会を変えたいと言葉にする人が1万人いるとしたら、実際に行動する人は100人もいないというのが僕の印象で、その中からさらに行動し続ける人は1人いるかどうかが実際の肌感覚だ。

そして、この1人こそが、大きな運や縁を引き寄せる人である。「言霊を信じろ」で言葉の持つ力の話をしたが、当然ながら言葉で語るだけでは何も変えることはできず、その先の行動によって、運と縁を掴むチャンスが生まれる。あなたも「○○高校に受かりたい」「○○株式会社に入社したい」「次の試合に勝ちたい」と言葉にすることはあるだろう。しかし、そこに行動が伴わなければ、実現することはない。過去問を解いたり、面接を受けたり、練習をしたりすることでやっと運や縁が手に入るチャンスが生まれ、実現していくのである。

僕は、2017年春に「カラダのすべてを、ひとつのアプリで。」をコンセプトにしたヘルスケアプラットフォームアプリ「FiNC」をローンチした。現在は1200万人にダウンロードされるサービスになったが、当初からFacebookのように世界中で使われるアプリにしたいと考えていた。ただし、そのようなサービスを作るには、何十億円、何百億円という膨大な資金が必要なのは明らかだった。

話を遡るが、FiNCを起業する前に、ソフトバンクグループの孫正義会長のことが書かれた『志高く』（井上篤夫、実業之日本社）という本を読んだ。孫さんはかつて、笠井和彦さんという富士銀行の副頭取でファイナンスのプロフェッショナルを取締役としてソフトバンクに引き入れ、会社を急成長させていた。「孫さんが副頭取を連れてきたならば僕は頭取を連れてこよう」と思い、周りの人に「頭取を紹介してほしい」とお願いして回った。実際に、何人かの元頭取とも会ってみたが、できたばかりのスタートアップに参画してくれそうな人もいなければ、そもそも一緒に働いているイメージが湧く人が一人もいなかった。しかし、ある時「頭取ではないけれど、みずほの常務だった人は紹介できる」という話があった。そこで紹介されたのが後にFiNCの副社長兼ＣＦＯに就任してくれた乗松文夫さんだった。乗松さんに一緒に働こうと提案した時に「副業ではダメですか？」と聞かれ、「もちろんダメです」と伝えると、「まさか他を全て辞めて入社の依頼をされると思わなかった」と言われたのだが、僕にとっては乗松さんはそれまで会っていた銀行の頭取の方達とは異なり、「この人であればスタートアップのような環境でも一緒にハードに働いてくれる」と思えた。だから何度も何度もしつこく入社の打診をし続け、その行動が実って晴れてFiNCに参画してくれることになった。

メガバンクの常務が当時のFiNCクラスのスタートアップに参画することは前例がなく、しかも29歳の僕と65歳くらいの乗松さんとの組み合わせということもあり、日経をはじめ多くのメディアにも取り上げられ、世の中から驚かれた。

乗松さんの人脈や信用のおかげで、大企業の社長や銀行の頭取、さらにはみずほ銀行からのサポートを受けることができ、僕のビジネスの縁が大きく広がっていった。結果的に、ＡＮＡ、第一生命、明治安田生命、ＮＥＣ、キユーピー、カゴメ、資生堂といった名だたる企業から合計で１５０億円以上の資金調達ができた。

僕もさまざまな困難や逆境に直面したが、今日まで何があっても行動をし続けてきたからこそ、今の自由を手に入れている。だからあなたも迷わず行動し続けて、運と縁を摑み自由を手にしてほしい。はたしてあなたは言葉にするだけのどこにでもいる１万人か、それとも大勢を導く、行動し続けるたった１人の人か。たった一度の人生を後悔ないように生き切ろう。

まとめ

●言葉だけでなく行動しろ

●運とは行動し続けた人が摑むものだ

●運と縁が自由な人生を作る

7. 奇跡はあきらめない人に味方をする

最強の能力は「あきらめないこと」である。あきらめずに行動し続ければ、たくさんの学びや経験により成功する確率が高まるし、一つ前の項でも触れた通り、運や縁を掴む可能性が高まる。

そして、あきらめないという姿勢は、多くの人々に応援したいと思わせるきっかけになり、運や縁を運んできてくれる。特別な能力や才能とは違い、あきらめないことは覚悟さえあれば誰にでもできる。『BreakingDown』の9と9・5に出場した弱冠18歳のレオもそうだが、『BreakingDown』でも自分より実績があったり、明らかに強い人や体が大きい人に対しても、あきらめずに最後まで立ち向かっていく姿勢を見せてくれる選手は、勝敗に関係なく多くのファンを掴み、事実としてスポンサーなどの支援者を獲得し、人生を飛躍させている傾向がある。

あきらめないことが重要であると口では簡単に言えるが、実際にはあきらめないことはそんなに簡単じゃない。心が折れそうになろうが、嫌なこと辛いことがあろうが、それらを乗り越えなければいけないことも多い。

僕の恩師に、FiNCの創成期からの社外取締役でもあり、ナイキジャパンの元社長の秋元征紘さんという方がいる。出会いは秋元さんが運営している経営塾で僕が25歳の時だ。毎回5人くらいの少人数でディスカッションを行う経営塾なのだが、秋元さんの口癖は、ナイキの有名なスローガンの「Just Do It.」だった。秋元さんはこの言葉を「即座に行動しろ」という直訳的な捉え方だけではなく、「あきらめずにやれ」「何があってもやれ」といったように多くの意味を内包して使っていた。

「Just Do It.」を体現したような秋元さんのエピソードがある。秋元さんは、35歳の頃にベンチャー企業の経営を始めたのだけれど、わずか10ヶ月で倒産。それだけでもショックなのに、さらに個人保証の担保としていた600坪の土地と家3軒を同時に失ってしまったのだ。しかし、秋元さんはまったく立ち止まらなかった。すぐに、ケンタッキーフライドチキンで時給600円のアルバイトを始め、なんと同社でそのまま常務取締役にまで出世し、それから日本ペプシ・コーラ副社長、ナイキジャパン代表取締役社長といった名だたる会社で重役を務めるまでに成長していったのだ。

秋元さんは、あきらめずに今できることを必死に頑張り、そして結果を出すことを繰り返していく中で、外資系企業からも引く手数多《あまた》になるといった運と縁を掴んだ。

ベンチャー企業の倒産という憂き目にあい、そのまま打ちひしがれて、あきらめてしまえば、秋元さんの人生は失敗したまま終わっていたかもしれない。しかし、秋元さんは決してあきらめて立ち止まることをしなかった。あきらめなければ人生に失敗はないということを象徴するような事例だ。

いつだって奇跡という名の運や縁は、あきらめないで行動し続ける人のもとにやってくる。僕自身も、社員が全員辞めて僕一人だけになったとしても、無実の罪で牢屋に入れられたとしても、事業に失敗して全てのお金を失ったとしても、自分のビジョンを達成するために絶対にあきらめないと決めている。だからあなたもあきらめないでほしい。

最強の能力はあきらめないことであり、奇跡はあきらめない人に味方するということを忘れずに、たとえどんな困難や逆境が身に降りかかろうとも負けずに乗り越えてほしい。

まとめ

- あきらめないことは最強の能力だ
- あきらめなければ失敗は取り返せる
- ビジョンを達成する前にあきらめないと決めろ

第四章

解釈

生きていると辛く苦しいことも多い。しかし、それをマイナスに解釈するか。自分の糧になるとプラスに解釈するかで、その後の人生で自由を摑めるかが変わる。

1. 事実は一つ、解釈は無数

「コップの水理論」というものがある。

これは、水が半分入ったコップを見て、「水が半分も残っている」と解釈する人もいれば、「水が半分しか残っていない」と解釈する人もいることから、事実は一つであっても人によって解釈や考え方がさまざまであることを説明したものだ。

事実は変えることができない。ただその事実をどう解釈するかは自分次第である。だとすると、人生において自由を摑みやすくするための解釈を意識することが、自分を磨くきっかけとなり、ひいては後悔のない人生を摑むことにつながる。

しかし、実際には自分にとって嫌な出来事が起こったり、困難が訪れた時に、解決や克服につながる解釈をせず、同じ場所でいつまでも立ち上がることができない人もいる。

誰だって目の前の出来事に感情的になってしまうことはあるが、その出来事に対して、人生にプラスになる解釈をして、解決に向けた行動を取らなければ状況は変わらない。

僕は無数にある解釈の中で、人生において自由を摑みやすくなる解釈をすることをおすすめする。

このことは僕だけではなく、今まで出会ってきた多くの著名人や優れた経営者も同じことを意識していて、たくさんの人に広く通じるものだ。

例えば、「幸せが不幸に、不幸が幸せにいつ転じるかわからないのだから、安易に喜んだり悲しんだりするべきではない」という意味の「人間万事塞翁が馬」ということわざを、尊敬するサッカー日本代表の監督を務めた岡田武史さんや、以前お会いしたことのあるiPS細胞でノーベル賞を受賞した山中伸弥さんが座右の銘としているが、彼らは、それぞれの道で大きな成果を収めた方達だ。

どちらも、今の実績を残す過程で何度も浮き沈みを経験している。調子がいい時はその状態はずっと続かないと解釈して調子に乗らずに行動する。調子が悪い時は未来は良くなると解釈して解決のために行動を起こす。

「人間万事塞翁が馬」という言葉の通り、その場の状況に応じて、人生がプラスに働く解釈をして、努力し続けたことが成功や実績につながった理由の一つだろう。

はたしてあなたはどうだろうか。

何か出来事が身に降りかかった際に、どう解釈をしているか。偉そうにこの文章を書く僕自身も、昔は持たざる環境で生まれた自身の境遇を憂えたり、困難があるごとに悲劇のヒロインかのようにネガティブな感情に支配されていた過去がある。繰り返しになるが、事実は変えられないし、一つしかない。

しかし、解釈は自分の思い通りに変えることができる。それであれば人生において自由を摑みやすい捉え方をするのが大事だということがわかるはずだ。

この章では自由で後悔のない人生を送る上で、特に重要な解釈の方法について紹介していく。

まとめ

●解釈の仕方は自分次第で決められる
●事実は変えることができないが、解釈は変えることができる
●人生において自由を摑みやすい捉え方をしろ

2. 心の自由・不自由は比較対象で決まる

人生において、心の自由・不自由は比較の対象を変えることで決まる。

生きていれば、辛い、苦しいと思う経験をすることは何度もある。友達と喧嘩した、上司に怒られたといった小さなものから、重い病気にかかった、事業に失敗をして大きな借金を背負ってしまった、といった大きなものまである。しかし、それらを嘆いているだけでは状況は変わらない。

それならば、比較の対象を変えることで、可能な限り前向きな解釈をしてみることが大事だ。先ほどの例で言えば、自分よりも大きな病気にかかってしまった人や、大きな失敗や借金を背負った人を見れば、「自分なんてまだまだだな」「これだけ大変でも前向きに頑張っている人がいるのだから、自分はまだやれる」などと無理矢理にでも前向きな解釈をした方がいい。

もちろん実際に前向きに解釈するのが難しい人が多いのは理解できる。その理由はおそらく、過去の自分の体験や経験に過度に囚われたり、自分より圧倒的に恵まれている人をはじめ、比べても仕方のないところに基準を置いて比較してしまいがちなことだ。その比較対象は本当に正しいのか。今の比較対象を少し変えて、別の視点で見れば感じ方も変わるだろう。

このような考えに至ったきっかけの一つは、ある衝撃の事実を２００９年に知ったことに他ならない。

世界で最も平均寿命が長い国は、多くの人が知っているように日本である。しかし、その逆の、世界で最も平均寿命が短い国は知っているだろうか。現在は「レソト」だが、２０００年代前半は中央アフリカ西岸の「シエラレオネ共和国」であり、平均寿命はなんと「34歳」であった。この数字には背景がある。シエラレオネ共和国では10年にわたる内戦があり、内戦は２００２年に終結したものの、極度の貧困が続いているからだ。新生児や乳幼児の死亡率は世界最悪で、生まれた子どもの４分の１以上が５歳を迎えることなく亡くなっている。さらに、妊婦の死亡率も非常に高く、生まれてくる子ども達は多くのリスクにさらされている。

15年以上前から、僕は、シエラレオネ共和国のチャイルド・スポンサーをしていて、２人の子どもに毎月寄付をしていた。そして、その子達との文通でシエラレオネの厳しい環境を知った。

僕は家が自己破産をしていたこともあり、早くから仕事をしなければいけなかった。友達から遊びに誘われても仕事を選択せざるを得ない日々で、多くの同世代に比べ、「自分は大変な思いをしている」とずっと思っていた。

ただ、チャイルド・スポンサーの経験を通じて、自分が思っていた大変さや辛さは、シエラレオネに住む人達や子ども達からすると、まったく大したものではなく、僕と周囲の学生との違いも誤差みたいなものだと解釈できるようになった。

結局、自分の心の自由・不自由を決めるのは自分自身である。幸・不幸を決めるために比較の対象をどこに置き、どう解釈するか。それによって自分の現状や価値観が大きく変わることがある。

同じ事実でも比較対象を変えることで、前向きな解釈ができるならば僕は切にそれをすすめたいと思う。

まとめ

●比較の対象を変えることで、不自由に感じていることも前向きな解釈ができる

●比較の対象を正しく設定しろ

●不自由を感じたら、自分の比較対象が間違っていないか疑え

3. コントロールできるところに自責であれ

人生の中で僕達はさまざまな問題や悩みに直面する。そんな時には、その問題や悩みが起こった原因を他人や環境のせいにするのではなく、自分の行動や考え方を見つめ直すこと、これが自由を摑むためには大事だ。

自責の思考は自由につながる思考といっても過言ではない。自責の思考でいれば、他者のどこに責任があるのかと、自分以外の誰かに振り回されることがなくなるからだ。つまり、自責で考えることで、「自分は悪くない。相手が悪いのではないか」と、感情の置きどころや判断に苦しむ時間から解放される。

そうすれば、自分自身の意思で行動できるようになり、自由を手に入れられる。ただ、注意してほしいことがある。それは自責の思考は決して「全部自分のせいだと思え」という意味ではないということだ。

全てを自分のせいにするのではなく、自分がコントロールできる範囲での改善策はないかを考えてみようという意味である。例えば、誰かと喧嘩した時に、コントロールできないのは相手の言動で、コントロールできるのは自分自身である。この場合、改善するべきは自分自身なのだ。しかし、交通渋滞や自然災害、感染症の流行などは、自分ではコントロールしようがない。コントロールできないものにいつまでも悩み続けるのではなく、コントロールできる自分から変えていこう。

そうは言っても、コントロールできるところに目を向け、自責の思考を持つことはすぐにできることではないかもしれない。

僕自身も昔は自責の思考がずいぶんと欠けていた時があった。10代で土木工事のアルバイトをしていた時の話である。朝イチに、20～30人が集まり、みんなで親方から今日の作業内容を聞いていた時に事件は起きた。

僕は親方が話をしている時に、ずっと目を擦っていたのだが、そうすると「溝口テメェ、眠くてやる気ないなら帰れ」と親方から怒声を浴びせられたのだ。実は目を擦っていたのはコンタクトレンズの調子が悪く、目が痛かったからだった。それなのに、眠くてやる気のないやつというレッテルを貼られて、大勢の前でブチギレられたのだ。「ふざけんなよ」と思って、その辺りに転がっているものを蹴っ飛ばしながら自分も怒って帰った。当時の僕は「親方が間違っている、自分は間違っていない」と確信していた。しかしこの出来事を自責で考えれば、僕の普段の素行の悪さがこの誤解を生んだのではないかと思えてくる。僕はその現場では誰よりも若かったのだが、それにもかかわらず、普段から愛想も悪く、仕事に向き合う態度も決して褒められるものではなかった。朝、仕事に遅刻することも珍しくなかった。このような背景を考慮すると、やる気がないと親方から解釈されても仕方がないと、今となっては思う。確かに事実は、目が痛くて擦っていただけでも、僕が日頃から真面目に仕事に向き合う人間だったのなら「溝口、目がどうかしたのか」と聞いてくれていたかもしれない。この話で言えば、コントロールできるのは親方の解釈ではなく、自分自身の日頃の態度や仕事への向き合い方に他ならない。自責で解釈すると確かに自分の良くなかった点が見えてくるものだ。

人生は一度きりである。他人や環境のせいにして無駄な時間を過ごしていてはいけない。周りのせいにするのではなく、まずは一度自分自身の行動や思考を振り返ることが重要だ。そして、自分がコントロールできる範囲で悪かったところはないかと、自責の解釈をしよう。そうすれば他者や環境に振り回されず、自分自身が成長を遂げ、自由を手に入れることができるだろう。

まとめ

●他責にせず、自責で捉えろ

●コントロールできないところで悩むな

●自責は成長と自由の獲得につながる

4. 困難は選ばれた人にしか訪れない

「人生には乗り越えられる困難しか訪れない」

もはや使い古された表現かもしれないが、僕がこれまでの人生で数々の壁や挑戦にぶち当たった時に自分を奮い立たせてくれた言葉だ。確かに僕自身の過去を振り返っても、困難は自分のステージにあったものしか訪れていない。例えば、クラスの学級委員長として、あるいは強豪校のサッカー部の部長として、チームをまとめることに苦労するのは、リーダーとして周囲に認めてもらったからこそ起きる課題である。自分の身の丈に合った困難しかやってこないという前提に立てば、困難が大きくなればなるほどに、自分の器が広がっていると解釈できる。

そもそも目の前のことに真剣に向き合ったり、新しいことに挑戦していない人のもとには、困難がやってくることはほとんどない。つまり困難は全ての人に訪れるものではなく、選ばれた人にしか訪れないとも解釈できる。

僕も、その当時の自分には大きな壁だと思える困難や逆境と何度も対峙《たいじ》してきた。例えば、大型のフィットネスクラブの支配人を任された時のことである。僕は支配人として、予算作りから収益責任、従業員の採用から育成まで、ほとんどの業務を背負っていた。しかし、ことはうまく進まなかった。初めてその店舗を任された時からすでに赤字続きで、結局、閉店することになり、約１５００人のお客様に迷惑をかけ、僕が採用してきた仲間達全員をリストラしなければいけなくなったのだ。従業員だけでも20人、業務委託を含めれば、さらに50人もの人達がそのクラブで働いていた。

フィットネスクラブは、地域の一つのコミュニティであり、特にお年寄りにとっては毎日友達に会い、汗を流すその場所が「生きがい」となっていた。だが、その居場所を奪ってしまったのは僕だった。

お年寄りの方々が僕の肩を掴み涙を流して訴える姿や、従業員ひとり一人に経営の現状を話し、辞めてもらわなければならないと告げた時の彼らの絶望的な表情は、今でも僕の心の中に深く焼きついて消えない。

しかし、僕はこの困難を少しでもプラスに変えられる方法を考え続けた。

まず従業員や会員のお客様の今後の行き先を確保するために地域のフィットネスクラブを8社全て回った。当時の僕の年齢が24歳だったというのもあって、また互いが競合という関係であったことやお店を潰した無能な人間という印象も重なって、明らかに馬鹿にした嘲笑を浮かべる経営者も少なくなかったが、今自分にできる最大限の行動をし続けた。

僕の表情が暗かったこともあって、当時の代表から精神科にかかることをすすめられて足を運んだ結果、うつ病の診断も受けた。毎朝、起きることも簡単ではなかったけれど、無理にでも出勤し続けた。結局、そのクラブは閉鎖することになってしまったが、最後にはお客様から「あなたは本当に頑張ってくれた」「あなたが謝る必要なんてないんだよ、胸を張りなさい」「私達はみんなあなたを応援しているから」などと温かい言葉や手紙をいただき、今でも時折それを眺めている。リストラしなければいけなかった従業員とも円満に別れを告げることができた。もし僕がこの出来事から逃げ出していたら、きっと逃げ癖がついてしまっていただろうし、今の人生もおそらくないだろう。

人生には乗り越えられる困難しか訪れない。今の社会は「逃げたかったら逃げればいい」といった風潮があるが、生命の危険でもない限りは僕は困難に直面した時は簡単に逃げてはいけないと思っている。向き合わないうちから自分にはできないと解釈して逃げてしまうと、後悔の残る人生になってしまう。後悔しない人生を生きるために、目の前の困難に逃げずに立ち向かってほしい。

まとめ

●自分の身の丈に合った困難しかやってこない

●訪れた困難から逃げると後悔の残る人生になってしまう

●「逃げたかったら逃げればいい」は甘えだ

5. 悩んだ分だけ、誰かの悩みを解決できる

生きていれば悩み事は尽きないだろう。

人間関係、金銭関係、健康や容姿など、人の悩みは大小さまざまだ。

悩みと聞けば、多くの人はマイナスなイメージを持ち、そしてできるだけ取り除きたいと思うだろう。それは自然なことだ。

しかし、悩みは決してあなたを苦しめるものばかりではない。なぜなら、人は悩んだ分だけ、誰かの悩みを解決できるようになるからだ。

ゆえに僕は、悩んだ時間と悩んだ総量の多い人こそが、幸せを摑む人だと考えてもいる。人は悩む中で深く考えたり、自分自身を見つめ直す生き物だ。だから悩みに対して悲観的になるのではなく、「悩んでいる時間＝成長の時間」と捉えて、悩みさえも自由を摑むために必要な材料であると解釈してほしい。

そうすれば自分自身を深く知ることができ、自分らしい生き方をすることができる。自分らしい生き方をすることができればきっと後悔のない人生になるだろう。

ただそうは言っても実際には、多くの人は悩みに対して悲観的になってしまう。そして

それを改善するための行動をせずに、その場で立ちすくんでしまう人は少なくない。けれど、悲観的になっていても状況は決して変わらない。

『BreakingDown』のラウンドガールや『FREE STYLE LEAGUE』のFSLガールとして活動している、平瀬あいりさん（にゃいりん）は昔、顔に強いコンプレックスがあった。

5歳の頃、平瀬さんの顔を見た母から「間違えた。産まなきゃよかった」と言われたそうだ。

16歳から8年間、引越しと警備の仕事を掛け持ちで寝ずに働き、2000万円を貯めて彼女は整形をし、理想の顔とスタイルを手に入れた。

彼女はたくさん悩んだことで、人の悩みにも寄り添うことができるようになり、現在は美容整形クリニックのエグゼクティブプロデューサーを担っている。

当時の彼女と同じように自分の顔にコンプレックスを抱く女性のために活動をして、成功を収めているのだ。このように彼女は自分の容姿というコンプレックスに正面から向き合い、今は同じ悩みを持つ数多くの人を支えるようになっている。

人はみな何かしらの問題や悩みを抱えながら生きている。しかし、それを解決しようとせず、不満を言っているだけでは、何も始まらないし、何も生まれない。

自分の生まれた環境や境遇が人生を分かつのではなく、それらをどのように解釈してどう生きていくかが人生を分かつ。

解釈次第で、何事も自分の未来や現在をより良くする材料にできる。悩みさえも前向きに解釈し、後悔のない人生にするために行動してほしい。

まとめ

- ●悩みを悩み続けてもしょうがない
- ●悩んでいる時間は成長の時間
- ●悩みを前向きに解釈し、克服のために行動しろ

6. 不都合なことが大概正解

あなたには今、自分にとって耳の痛い言葉を投げかけてくれたり、不都合な厳しい指摘をしてくれたりする人はいるだろうか。

少し前から社会全体としてパワーハラスメント（パワハラ）に厳しくなり、学校の先生が生徒に対して、あるいは会社の上司が部下に対してはっきりと指摘をしたり、厳しい言葉をかける光景を見ることが明らかに減った。

生徒や部下の成長よりも、自分が相手から嫌われないこと、社会からパワハラだと受け取られないことを優先して接しているようにも思えるが、物事には一長一短があるので、現在の社会事情から考えると致し方ない部分は確かにあるのかもしれない。

そんな時代だからこそ、耳の痛い厳しい指摘をしてくれる人の言葉に耳を傾けることは、そういった環境にない人に比べて自分がステップアップする上で有利とも言える。

また、厳しい指摘に慣れていない分、耳の痛い指摘をする人がいた時、その人を避けてしまったり、その人を敵だと捉えて一方的に拒否したりしてしまうのはよくある話だ。こうした態度は自分を磨く機会を失うことにもなるので、率直な言葉をもらったら、「不都合なことは大概正解」という解釈をして、真摯に聞くのが良い。耳が痛いと感じるのは、身に覚えがある証拠、素直に受け止めてみよう、というわけだ。

例えば、体調不良の時に、「頻繁に体調不良で休む人に責任の重い仕事は任せづらい」と言われたら、とっさに拒絶してしまいがちだが、冷静にまず受け入れて改善を試みれば、成長やその先の機会につなげられる。

僕自身、いくつか会社を経営しているが、部下に対する仕事への要求はかなり厳しい。昔から一貫して採用時はそこをとにかく強調してきた。これは、それぞれの事業で最低でも国内No.1の規模を目指す気持ちだからであり、それを実現するためには、強い個人やチームが必要だからである。

同時に他にも選択肢がある中で自分の会社を選んでくれた社員に、普通なら指摘されないだろう個人の本質的な課題を、きちんと認識させて改善を促すことが、有望な彼らを雇用する社長としての僕の責任だと思っていることもある。

僕や僕の会社と出会ったことで、その社員の人生が、僕と出会わなかった場合の人生よりも、幸せなものになってほしいと、心から望んでいるからだ。

もちろん僕もコンプライアンスに対する理解がないわけではなく、むしろ普段から多くのリスクを考える側にいる人間なので、パワハラと指摘を受ける可能性は重々承知している。ただそれでも、社員が自分の課題に気づかぬまま、僕の会社を巣立った後、新天地で苦労するより、今気づいた段階で本人に課題を伝える方が誠実だと思って、率直な指摘をするようにしている。

僕自身いつも感じるが、厳しい言葉をかけることにリスクが伴う時代に、あなたに厳しい言葉をかけてくれる人は本当に貴重である。そして、その言葉は耳が痛いかもしれないが、大概は他の人が指摘してくれないだけで、正しいことが多い。

だからこそ、厳しい言葉に出会った時は、拒否反応を示すのではなく、「不都合なことは大概正解」と解釈して素直に聞いてみよう。指摘された課題に対して真摯に向き合うことが、あなたが後悔のない人生を送る上で大切な役割を果たしてくれるはずだ。

まとめ

- 厳しい言葉は正しい可能性が高い
- 厳しい言葉をかけてくれる人を大切にしろ
- 不都合なことほど素直に向き合え

7．未来だけでなく、過去も変えられる

よく「過去は変えられない。変えられるのは未来だけだ」と人は言う。僕はこの言葉をある程度その通りだと思う半面、「未来だけでなく、過去も変えられる」と思っている。

もちろん、過去に起きた事実を変えることは誰にもできない。けれど過去に起こった出来事の捉え方は自分の解釈次第で変えることができる。どんなに辛い過去であっても、あきらめずに努力を重ねれば、今の自分を形作る糧になる。

例えば、長く準備した大学受験に失敗したとか、大事な仕事でミスをしたとか、あなたの中で「黒歴史」として呼ばれる過去があるかもしれない。しかし、その時の悔しさがバネになり、今の自分を作るものになったのなら、それは過去のネガティブな思い出も、ステップアップするきっかけとして、前向きな思い出として捉え直せるはずだ。

僕自身、２０２０年12月に大きな逆境に遭遇した。２０２０年3月、自分が創業したFiNCのＣＥＯを退任し、その話を耳にした元サッカー日本代表で実業家でもある本田圭佑から連絡をもらい、２ヶ月後、圭佑と一緒にベンチャー企業を支援する株式会社ＷＥＩＮを創業した。

ところがそれからわずか７ヶ月後の２０２０年12月１日、事態は思わぬ方向へと進展する。経営陣の一部からクーデターを起こされ、突如として社長退任要求を突きつけられてしまったのだ。会社の経費を私的流用したとか、投資先にパワハラをしたとか、クーデターの根拠とされたのは、根も葉もない誹《ひ》謗《ぼう》中傷とデマだった。事件のたった１週間前は、僕の誕生日だった。その際に圭佑が僕に送ってくれた「ミゾ、一緒に始められたことが本当に嬉しい。これから大変な壁にぶち当たることも多々あるかと思うけど、ひとつ一つ困難を一緒に乗り越えていこう」という心温まる動画メッセージの１週間後にここまですれ違ってしまう騒動が起きるとは夢にも思わなかった。残念ながら事実確認を一度もされることなく「ふざけるな」と退任を迫られた。「僕のどこに非があるんだ。お前達が言っていることはまったく根拠がない。謝るつもりもまったくないし、まず証拠を出してくれ」と突っぱね、圭佑からも「ミゾ、サシで話そう」と言われて当時ブラジルにいた彼と２人でZoomで話したものの、話し合いは物別れに終わった。今は裁判で事実が明らかになりつつあるが、当時世論は真っ二つになり、僕を支持しなかった人達からは、「溝口さんはもう終わった」とも言われた。

　当時の僕は悔しさも悲しさも情けなさも怒りも含めて、たくさんの複雑な感情に苛まれた。実際「もう俺はダメかもしれない」と思った。けれど、これまでの人生でも、困難を乗り越えては、次のステップへの糧にしてきたので、「もう一度頑張ろう」と奮起したのをよく覚えている。

実際、格闘家の朝倉未来と取り組む『BreakingDown』をはじめ、国内№1のWeb3.0メタバースのＸＡＮＡや、ＨＩＰＨＯＰ業界のレジェンドでもあるZeebraさんと共に経営するＦＳＬなど現在取り組む多くの事業は、彼らと喧嘩別れすることがなければほぼ間違いなく手がけられなかったものだ。

このように、どんなに不遇の人生だったとしても、どんなに貧しい育ちだったとしても、あきらめさえしなければ、過去の事実は変えられなくとも、過去の捉え方は変えることができる。

多くの人は、「一度失敗したら終わりだ」と失敗することを過剰に恐れたり、大きな失敗を長い期間悔やんだりもする。

ただ、これからの行動次第で未来は変えられるし、過去の負の出来事でさえもポジティブなものに変えられる。もしも消えない「黒歴史」がある人がいるなら、素晴らしい未来を作ることでいつの日か「あれがあったから今がある」と思えるような生き方ができるように努めてほしい。

まとめ

- ●過去の出来事は変えられないが、過去の捉え方は変えることができる
- ●失敗も未来の糧と解釈しろ
- ●過去の負の出来事もプラスに解釈できるような今を生きろ

第五章

勇気

新しい一歩を踏み出す時、プレッシャーや批判が伴う。それを撥ね除けるのが勇気だ。そして勇気とは恐れを抱かないことではない。恐れを抱いても、一歩前に進むことこそ自由を掴むために必要なのだ。

1. 勇気とは恐れを抱かないことではなく、恐れを抱いても行動する度胸があること

後悔のない自由な人生を手に入れるためには、「勇気」が必要だ。僕が考える勇気とは、「恐れを抱かないこと」ではなく、「恐れを抱いても行動する度胸があること」だ。怖いという感情を撥ね除けて「行動する度胸」があるかないかで、辿り着ける未来が変わってくる。

例えば学校のクラスメイトに好きな人がいるとする。告白すれば付き合えるかもしれないという期待がある一方で、振られる可能性もある。これまでの関係を崩してしまうことを考えたりすれば、告白することに対して「怖い」という気持ちを誰もが抱くだろう。そうした恐怖に打ち勝ち、好きな人に告白する際も「勇気」が必要になる。

あなたも、勇気を出せずに後悔した経験はないだろうか。「志望校があったのに確実に合格できるところを選んでしまいどこか心残りがある」「質問したい場面があったのに周りからどう見られるか不安で手を挙げられなかった」「本当は起業しようと思っていたけ

ど勇気が出ずに一般企業に就職した」など、過去の後悔した場面を思い返してみると、恐怖に打ち勝つ勇気が出せなかった人も決して少なくないのではないか。

僕も、「勇気」が出せずに今でも後悔が消えない記憶がある。昔フィットネスクラブで働いていた時代にとても責任感が強いトレーナーの先輩がいた。そのクラブには毎日１５００人もの会員が来館されるのだが、その先輩はクラブの秩序を守るため、ルールを守っていない会員にはきちんと指摘をし、仕事に対して真剣に向き合う人だった。

しかしある時、その責任感の強さゆえにクラブの会員から名指しでクレームが続いてしまう出来事が起きた。そんな中、毎月実施しているクラブの総会が開催され、50名を超える社員の前で、なんとその先輩は社長からクビを通告されてしまったのだ。

涙を流す先輩の姿を見て、どうしても黙っていられなかった僕は、手を挙げて社長に反論をしたのだが、まだ17歳かつ研修生の身であったこともあり「君はいったい誰だ。いいから入ったばかりの研修生は黙ってなさい」と一蹴されて言葉に詰まってしまったのだ。それでも、引かずに反論する勇気が当時の僕にはなく、それ以上先輩を助けることができなかった。

総会後に、不条理な出来事やその場の空気にのまれて勇気を出せなかった自分への憤りから、感情を抑えられなくなってしまった僕は、手当たり次第、壁やモノに八つ当たりを始めてしまったのだが、そんな僕を止めてくれたのもその先輩だった。その時、涙を流しながら言ってくれた「ありがとう」という言葉や表情を今も忘れられずにいる。

無責任な人達に対する罰はなく、責任感を持って仕事に向き合う人がクビを言い渡される。そんな不条理かつ理不尽な出来事に、勇気を出して立ち向かうことをしなかった無力で情けない自分。その当時のことを今でもふと思い出す。

人は誰でも、不安や恐れといった感情を抱いてしまう生き物だ。その感情を消してしまうことはおそらくできやしないのだろう。けれど、恐れを抱いたとしても行動する度胸があるかないかで、あなたの未来の景色は変わる。そんな勇気をあなたが持ってさえいれば、自由を摑み後悔のない人生を送れるはずだ。どうか勇気を持つことの必要性を忘れずに、大切に生きてほしい。

まとめ

●勇気のない行動は後悔につながる

●勇気とは恐れを抱かないことではなく、恐れを抱いても行動することだ

●恐れを抱きながらも行動したその一歩が、自由を摑む確率を上げる

2. 成功者が共通して言う言葉「失敗ばかりしてきた」

成功した人が共通して言うのは、「失敗ばかりしてきた」という言葉だ。

成功した人は、失敗しない人だ、と思うのは間違いである。自由を掴んでいる人は、勇気を持ってとんでもなく行動して失敗を繰り返した人ばかりだ。何度失敗しても、勇気を持ってあきらめずに、どうしたらできるかだけを考え続けられる人が、自由を掴むことができる。

日本を代表する将棋棋士で、現在は日本将棋連盟の会長を務める羽生善治さんの「何かに挑戦したら確実に報われるのであれば、誰でも必ず挑戦するだろう。報われないかもしれないところで、同じ情熱、気力、モチベーションを持って継続するのは非常に大変なことであり、私は、これこそが才能だと思っている」という言葉がある。

方向性が見えなくても、何度も挑戦して、何度も失敗してそれでもめげずに努力していくうちに、自分の能力が磨かれ、徐々に成果へとつながっていく。羽生さんの言葉に何かを成し遂げる人達の大切な共通点を感じ、この言葉を時折思い出しながら、僕も失敗を恐れず、挑戦し続ける勇気を持つことを大事にしてきた。

これまで、あなたは失敗を恐れて、勇気を持てずに行動できなかった経験はあるだろうか。行動する前から、「できるかできないか」ばかりを考えて、行動に移せなかったり、初めから成功する可能性が高いものしかやってこなかったりする人も多いかもしれない。しかし、よく考えてみてほしい。失敗を恐れ、行動を起こさずに何も得られない人生と、行動して失敗から学びを得て成長した結果、大きな自由を手に入れられる人生のどちらが自分にとって有意義かを。

僕の友人にセブン・ドリーマーズ・ラボラトリーズ株式会社という会社を立ち上げた阪根信一さんという起業家がいる。彼は世界初の全自動衣類折りたたみロボットを作り、普及させるという壮大な挑戦をした。日本ベンチャー大賞での受賞や、パナソニックや大和ハウスなど、錚々《そうそう》たる企業から100億円以上もの資金調達をするなど全力で事業に取り組んでいた。

けれど、結果的に2019年に破綻することになった。このニュースは瞬く間にスタートアップ業界に広がり、大きな波紋を呼ぶほど話題を集めた。その際に阪根さんが引き受けたあらゆる心の痛みは、起業家として二度と立ち上がれなくなってもおかしくないほどであったが、彼はしばらくしてジーフィット株式会社という企業に参画し、再び新たな挑戦をスタートさせた。

驚くことに阪根さんはセブン・ドリーマーズ時代に大きな損を与えてしまった株主からも再び出資を受け、現在も急成長を続けている。起業家としての大きな失敗を通して、多くのことを学び、それを糧にして成長し続ける阪根さんを見ていると、勇気を持ってあきらめずに挑戦をし続けている限りは、人生において失敗はないのだと気づかされる。

ここまで書いたように、成功している人ほど、たくさん失敗をしている。そして失敗から学び、成長し、結果として自由を摑んでいる。失敗して失うものばかり考えるより、行動することで得られるものが何かを大切にしてみてほしい。

何度失敗しても、勇気を持って行動し続けていれば、大きな自由を手に入れられるはずだ。だからこそ、誰よりも早く挑戦して、誰よりも早く失敗し、誰よりも早く成長して、誰よりも早くまた挑戦しよう。人生は、挑戦し続ける限りは失敗はない。勇気を出して失敗を恐れずに挑戦し続けよう。

まとめ

●失敗を恐れず挑戦する勇気を持て

●成功者は多くの失敗を重ねて今がある

●挑戦している限り失敗はない

3. あえて自分にプレッシャーをかけろ

ゴールや目標は、勇気を出して公言することで達成の確率が上がる。そして公言する際は、「12月1日までに必ず終わらせます」といった期日や「次のテストで必ず90点を取ります」といった数字や「このメンバー中で必ず1位になります」といった順位など、周りから見て達成できているか否かが明確にわかる目標設定を心がけることが大切だ。

なぜなら自分にプレッシャーがかかる環境を意識的に作り出すことで、自分を奮い立たせることができたり、自分の弱い感情を抑えることができるからだ。

しかし、99％の人はゴールや目標を公言することをためらってしまう。なぜなら、公言した後に「達成できなかったら周囲にダサいと思われるかもしれない」「応援してくれる人にがっかりされるかもしれない」「大きな目標を公言することでビッグマウスと呼ばれて馬鹿にされるかもしれない」などと怯えたり、どこかで逃げ道を用意しようと思っているからだ。

そういった恐怖があることも、逃げ道を用意したくなる気持ちも理解できるし、世の中ではよく不言実行が美徳とされていることも知っている。

確かに目標を自分の中だけで留《とど》めておけば、誰にも知られずに失敗をし、そして誰にも知られずに翌朝また同じ日が始まる。誰にも迷惑もかからないし、恥ずかしい思いもしない。だから多くの人が易《やす》きに流れてしまうのだ。

しかし目標が未達だった時、周囲に目標を公言した場合とそうでない場合とでは、後者の方が反省や振り返りの質は落ちる。だからこそ、目標を公言し、あえて自分にプレッシャーをかけることが大事なのだ。

僕もこれまで、夢や目標、自分のゴールや継続したいことなどを、積極的に周りに公言してきた。

僕が24歳で従業員１００人の会社の経営を任された時も、自分自身の成長のために、「3年間1日も休まずブログを書き続ける」ことを公言し、そして自分がお世話になっていた経営者に毎日そのブログを読んでもらうことを決めた。

とても小さなことだけど、それまでの人生でまともに勉強してこなかった僕が、毎日継続してその日に起こったことや学びについてブログで文章を書き綴る日々は相当ハードルが高いことだった。今振り返っても、これを公言せず一人でやり切ることはできなかっただろう。結果、その経営者の方や、日々増えていった読者のおかげで、どれだけ仕事が忙しくても、体調がすぐれなくても、疲れていても、決してサボることなく書き続けることができた。

公言した瞬間から、その目標が自分だけのものではなくなり、みんなに監視される状態になる。だからこそ目標を公言するのはかなりの勇気が必要だ。しかし、心から達成したいことがあるのなら、あるいは自分が改善しなければいけないことがあるのなら、もっと自分を成長させたいのであれば、自ら進んでそれを公言する勇気を持ってほしい。

「あえて自分にプレッシャーをかける」、あなたのその勇気が、きっとあなた自身をさらに引き上げてくれるはずだ。

まとめ

- ●ゴールや目標を公言する勇気を持て
- ●弱い自分に負けないためにプレッシャーをかけろ
- ●あえてのプレッシャーがあなたを伸ばす

4. 要求することに臆するな

仕事でもスポーツでも、成長する人や結果を出す人は、勇気を持って「質問できる」「相手に要求をできる」という点で共通している。

自分の成長や目標達成のために、自分にわからないことがあれば遠慮なく聞くし、自分の理解がずれていそうなところがあれば逐一確かめる。相手が苦手な人や怖い人であろうと、その人達に要求する必要があれば、自分の感情を抜きにして、要求をする。自分の感情の奴隷にならず、結果にこだわる勇気を持っている人が多い。

しかし、多くの人には、怒られるのが怖いなどといった自分の感情を優先してしまい、遠慮して質問や要求ができなかった経験があるのではないだろうか。

僕は、チームの目標達成や自分の成長のためなら、誰であろうと勇気を持って質問・要求をしてきた。

相手がプロ格闘家でYouTuberの朝倉兄弟であっても同じだ。僕が『BreakingDown』に参画した当時は大会を開催するごとに赤字が積み上がっていた。ビジネスモデルも曖昧かつ、チームも決して一枚岩と言える状態ではなかった。

その状況を招いている最大の理由は、誰もが朝倉兄弟に遠慮をして、腫れ物に触るようなコミュニケーションをしていたからだ。

彼らの影響力は絶大だ。コロナ禍で同じ格闘技団体の『ＲＩＺＩＮ』が興行を開催できずにいた際に、僕は『ＲＩＺＩＮ ＬＩＶＥ』というＰＰＶプラットフォームを作り、それを成功させていた経験から、『ＲＩＺＩＮ』で最も人気がありＰＰＶ販売数の多い朝倉兄弟が本気でコミットすれば、絶対に大きなインパクトを残せると確信していた。

けれど「次の大会を成功させるために、YouTubeでこの内容を発信してください」「ニュースリリースを出すタイミングに合わせて、明後日の昼12時にＳＮＳで情報解禁の投稿をしてください」、たったこれだけのお願いであっても、非常に忙しくかつ強面《こわもて》の朝倉兄弟に連絡するのを躊躇《ちゅうちょ》してしまうメンバーが多いことにとても違和感を抱いていた。

そもそも彼らとはプライベートでも会う仲で、『BreakingDown』に込める気持ちや格闘技業界に対する考えを知っていた。

「想いが本物なのだから何も遠慮する必要はない」と考え、僕は彼らにやってほしいことがあれば、忖度《そんたく》なしでガンガン言った。それが創業者でもある彼らのためであり、本気でビジネスを成功させようと必死なやつの証だからだ。

自分の責任を全うしたり、成長や成果を追求する上で、質問や要求をする勇気は不可欠である。確かに時に怒られることもあるかもしれないし、嫌われることもあるかもしれない。けれど、恐れや不安を乗り越え、結果に対して真摯に向き合う姿勢を見せていれば、いつかは相手も真剣に応じてくれるものだ。

あなたには、その勇気を持ち続け、臆することなく自分の成長や成果のために行動し続けてほしい。

まとめ

●どんな相手にも結果を出すために勇気を持って要求をしろ

●恐れや不安で自分を制限するな

●想いが本物であれば遠慮は不要だ

5. リーダーとして一歩を踏み出せ

リーダーは決して先天的なものではない。勇気さえあれば誰もがなれるものだ。今まで育ってきた環境や経歴が輝かしいものでなくても、リーダー気質ではない者であっても、周囲を動かせるリーダーになれるチャンスは誰にでもある。リーダーになりたければ〝覚悟〟を持つことだ。リーダーというのは、常にできない理由ではなくできる理由を考え続けられる人であり、プレッシャーにさらされても成し遂げたいことのために執着できる人であり、言葉を共有し勇気を持って仲間を巻き込める人だ。

正直、リーダーはプレッシャーがかかる立場だ。そのため、リーダーになる覚悟を持つことは簡単ではない。しかし、リーダーにしか見えない景色がある。リーダーとして成長するほど影響力が増し、動かせる仲間やお金が増えて、大きな自由を手に入れることができる。つまりはリーダーを目指すということは、大きな自由を摑むことと言っても過言ではない。最初はクラスの学級委員長くらいの、小さなリーダーからでもいい。自分の今立っている場所から少し背伸びしたリーダーとしての経験を積むところから始めることをおすすめしたい。

僕は過去に、世の中に大きなインパクトを与えるリーダーを目の当たりにして、自分がちっぽけに思えた経験がある。

２０１１年3月11日の東日本大震災。ニュース映像を見ていたら居ても立ってもいられなくなり、自分に何かできることはないだろうかと考えた。3月下旬に、まだ傷跡が生々しい現地に赴き、被災地支援をした。自宅に戻ってもその衝動が抑えられず、遠く離れた場所でもできることは募金活動だと思い、インターネットで寄付サイトを作り、３００万円の募金を集めて被災地に届けたりもした。これが当時の僕にとって精一杯の支援活動だったのだが、その直後にソフトバンクグループの孫正義会長が１００億円を寄付すると発表した。３００万円の僕に対して、１００億円の孫さん。僕の３００万円の３３３３倍。

あの時、僕は自分がとても情けなく思えた。この悔しい経験も自分を起業へと向かわせる原動力になった。起業することで、年収が大きく下がることは目に見えていた。創業者との信頼関係も深く、何より従業員が１００人を超える会社の経営を任されていた僕には、起業は決して軽い決断ではなかった。

しかし、僕は起業する決断をした。今の延長には、本当の自由はないと痛感したからだ。ここまでも何度も触れているが、僕を前へと向かわせる動機は、自由を掴むことに他ならない。そしてその自由とは、食べたいものを食べたい時に食べられる、行きたいところに行きたい時に行ける、休みたい時に休める、といった小さな自由から、助けたい人を助けられる、支えたい人を支えられる、応援したい人を大きく応援できる、自分の生き方や自分の信念を貫ける、そんな大きな自由までさまざまだ。ではそんな自由を掴むためにはどうすればいいいか。それはリーダーになるしかないと僕は結論付けている。

だから僕はこれから今よりもっと大きな自由を得るため、より大きな影響力のあるリーダーになれるように努力し続けるつもりだ。

世の中に「不自由でいい」なんて人は存在しないという前提に立てば、あなたも自由を掴むためにリーダーを目指さなければいけない。何も僕はあなたにステレオタイプのカリスマリーダーを目指せと言っているわけではない。リーダーシップの形はそれぞれだ。だから自分に合ったリーダーになればいい。ただし、どんなリーダーにも共通するのが勇気だ。勇気を出して、リーダーを目指してほしい。あなたならきっとなれるはずだ。

まとめ

●リーダーになる勇気を持て

●リーダーになればより大きな自由を摑むことができる

●カリスマだけがリーダーではない

6．常識に流されず、自分の道を歩め

今の時代は、場の空気を読んだり、周りに流されて物事を決める人が多い。何を選択するにも周囲や環境や家族の意向に合わせて、自分の進む道を決める人ばかりだ。しかし、僕が大事だと思うのは、その場の空気に決してのまれずに、自分が考え抜いた末に辿り着いた結論に従って、勇気を出して自分の信じた道を突き進むことである。実際に、大きな自由を手にしている人達を見てみると、彼らは周りの同調圧力に負けることなく、ただひたすら自分の信念や想いを信じて歩み続けた人ばかりだ。

日本人は特に、右へならえのようにみんなと同じ行動をする人が多い。「高校に行く、部活をする、大学受験をする、大きな会社に入る」などはわかりやすい例だが、そのような行動を取ってしまう理由は、みんなと同じでないと不安で仕方ないからだろう。確かに周りに合わせた選択をすれば、自分だけが浮くことはないし、大きな失敗もしないかもしれない。ただ、失敗や周りの目を恐れるがゆえに、自分の本当の気持ちや願望を犠牲にしたり、あるいは周りに流されるがままに、思考することから逃げて、人生の大事な意思決定をしている人も決して少なくないはずだ。ただ、大勢が目指す道が、後悔のない人生につながるとは限らない。むしろ僕はそれによって後悔する人を今日までたくさん見てきた。

僕が創業したヘルスケアスタートアップのFiNCは、新卒社員を毎年10人程度採用していたのだが、その中で最も多かったのは東京大学出身者だった。東大に入るために相当な努力をしてきた子達が幸運にも僕の会社の門を叩いてくれたのだが、ある時、三井住友銀行の部長と専業主婦の間で育った東大生に内定を出した際に、その子の両親が揃って会社にやってきて「うちの息子は銀行に行かせたい。どうか内定を取り消してください」と僕に直談判しにきたことがあった。

子どもを大事に思う気持ちは理解できるが、親世代の常識が必ずしも正しいとは限らない。もっと言えば、「東大入学」というのは「努力を誰よりも継続できる証明」とも捉えられるわけだが、そんな努力を積み上げてきたたくましい子どもが、自分の人生を後悔しないように、自身の目と耳と頭で理解したことをもとに選択をしているのにもかかわらず、彼の決断の背景をろくに聞くこともなく、両親が自身の固定観念で子どもの意思に反して身勝手な行動を選択することにも大きな違和感を覚えた。

実際、安定していると名高かった銀行がコロナ禍において大規模な人員解雇をした事例もその後に数多く出た。FiNCに入社した彼は、その後、リードエンジニアとして活躍し、技術開発部門の外国人チームを統括するポジションに就いた。現在、彼はあらゆる企業から引く手数多の人生を生きている。

あなたの周りの人の考えや常識が必ずしも正しいとは限らない。それであれば、自分で考えた抜いた道に進むことを僕はおすすめしたい。ちなみに、名のある大企業や研究機関に行かず、勇気を出して自分の道を選び、入社してきた新卒社員だけでも、のちに優に10名以上が起業している。彼ら彼女らはＶＣ（ベンチャー・キャピタル）やエンジェル投資家から資金を調達したり、会社をＭ＆Ａしたりするなど、大活躍している者ばかりだ。

日常にある常識や価値観を疑い、自らの信念や志に基づいて行動してほしい。その勇気があなたを自由へと導いてくれるはずだ。

まとめ

●周りに流されることなく、自分を信じろ

●周りの常識が正しいとは限らない

●自分の道を信じた先に栄光がある

7. 本当の挑戦はいつも批判を受けるところから始まる

何か新しい挑戦をする時は、「周囲に批判されるかどうか」を一つの判断基準にしている。

なぜなら、初めからみんなに応援される挑戦を本当の挑戦とは思えないからだ。歴史を遡っても、世の中を変えてきた大きな挑戦は、いつも否定されるところから始まっている。現在、僕達の生活に深く浸透しているメルカリ、Uber、LINE、YouTube、Airbnb、Spotify、Facebookなどのサービスも、そしてパソコンやインターネットも、さらに時代を遡れば火や包丁さえも、その初期には全てが批判を受けていたものだ。飛行機も向かい風がなければ飛ばないように、批判の量はその挑戦の大きさのバロメーターと言っても過言ではない。

自分の成し遂げたいことをする上で、批判を受けたら、それ相応の大きな挑戦をしていると解釈して、勇気を持って突き進んでほしい。

僕の挑戦も、最初は批判されるものばかりだ。最近だと、世界３位、国内№１のWeb3.0メタバース企業ＸＡＮＡの日本代表に就任したが、そのリリースが出るや否や「Web3.0とかブロックチェーンはオワコンだ」「仮想空間で生活する日なんて来るはずがない」「溝口さんがまた意味のわからないあやしいことを始めた」など散々なことを言われた。僕が仕事を選択する上で、最も重きを置いている判断基準は、「21世紀の課題である孤独・退屈・不安を少しでもなくせるものかどうか」というものだが、仮に現実社会では息苦しくても、誰もがメタバース上で、もう一人の自分になれて、もう一つの居場所を持てる時代が来れば、多くの人の孤独や退屈や不安を減らせるのではないかと僕は信じてこの事業に向き合っている。

また『BreakingDown』がこの本を手に取るきっかけになった方も多いと思うが、このコンテンツも批判されて始まった挑戦の一つだ。

『BreakingDown』の根底には、「過去の過ちに対してあまりにも寛容ではない世の中において、せめて自分達だけは過去に大きな失敗をした人でも再挑戦できる場所を与えたい」という想いがある。

これは朝倉未来の強い想いであり、僕が出会ってきた人や僕の人生と重なったことも参画の大きな決め手になった。もちろん我々も、過去に過ちを犯してしまった人が簡単に許される社会は正しくないという意見には同意だ。けれど、生まれながらの悪党なんて存在しないという前提に立てば、彼らが道を踏み外してしまった原因の一つは、今の社会にもあるのではないだろうか。

だからこそ、過ちや失敗を犯した人が、二度と立ち上がれない社会の方が僕達は正しくないと思っている。たとえどのような過去があったとしても、強い想いを持って再起を誓う人にとっては、せめて我々くらいは温かい存在でありたいと思って経営している。今でも僕達運営や選手に対しての誹謗中傷が鳴り止むことはないが、どれだけ批判を浴びようとも、彼らにスポットが当たる挑戦を続けた結果、国内YouTube史上最もファンを惹《ひ》きつけるコンテンツへと成長させることができた。

いつの時代も新しい常識を創りに行けば、批判はつきものだ。残念ながらそれから逃れる方法を僕は知らない。

けれど、信念に従って行動すれば炎上しようが批判されようが関係ない。批判が気になるのは自分で自分を疑っている証拠だ。

本当に説き伏せるべき敵はいつだって己の中にのみ存在する。そして、ここで言う挑戦は必ずしも壮大である必要はない。この本を読んでくれたあなたも、勇気を持って一歩を踏み出してほしい。僕も先へ行って、あなたに必ず背中を見せる。共に切磋琢磨していこう。

まとめ

●応援される挑戦は本当の挑戦ではない

●批判に負けず挑戦し続けることでまだ見ぬ世界が開ける

●挑戦のための一歩が自由な人生を作っていく

おわりに

人生における幸・不幸は、後悔の記憶の量で決まる。そして、それらとここまでテーマにしてきた自由の間には大きな相関性がある。これが今日まで生きてきた僕の結論だ。

僕には今もずっと消えない後悔の記憶がある。それは小学校5年生の時だ。

いつも悪ガキ4人でつるんでいた僕達は、その日ゲームセンターに繰り出してワイワイ騒いだ。イキっている小学生だったから、ゲーセンで僕達はかなり目立っていたと思う。ゲーセンを出て帰ろうとすると、同じ店にいた高校生の6人組に「おい、お前らちょっと待てや」と因縁をつけられた。思いきり走って逃げたものの、高校生と小学生とでは大人と子どもの体格差だ。逃げ切れるわけがない。すぐさま捕まり、公園に連れて行かれて「とりあえず財布を出せ」とすごまれた。

僕達4人は「高校生が小学生からカツアゲするなんてカッコ悪いじゃないか」と言って無駄な抵抗をした。いくらイキったところで負け犬の遠吠えだ。財布を渡さず亀のように丸まって抵抗していたら、高校生6人組が見せしめに、ケンタだけを袋叩きにし始めた。

僕を含め残り3人は、怖くて足がガクガク震えて動けなくなってしまった。ケンタを守るために彼に覆いかぶさり、身を挺してリンチを止めることもなく、誰かに助けを求めに行くこともできず、ただただその場で僕は震えて立ちすくんでしまったのだ。ケンタの服は泥だらけになり、髪の毛はグチャグチャにかき乱されて顔や手足は傷だらけだ。仲間４人のうちケンタ１人だけがボコボコに殴られ、財布を奪われたものの、僕は無傷で高校生から殴られることなく家に帰った。

　母が家に帰ってくると、ケンタのお母さんから電話がかかってきた。「ケンタが傷だらけになって帰ってきたけど、勇児君は大丈夫？」「勇児は特に傷はないみたいだけど、ケンタ君に何かあったの？」「高校生に囲まれてずいぶん殴られたらしいのよ。勇児君にケガがなかったらいいんだけど……」。電話をガチャッと切った母から事情聴取された。「お前はケンタ君が殴られている時にどうしてたの？」「ビビってその場で立ちすくんでた」。するとバチン！　と激しくビンタされた。母は僕の胸ぐらを掴み、体を押し倒してマウントポジションを取って、さらにビンタし続ける。「お前はなんて卑怯な男なんだ。私の息子なのに、そんなに情けない男だとは思わなかった。仲間がやられているのに、なんで助けようとすらしないんだ！」。母は僕の名前の由来を語り始めた。

「お前の名前は勇児だ。勇気のある児《こ》どもになってほしいと思って名付けた。勇気とは、怖いと思わないことではない。たとえ怖いと思ったとしても行動する度胸がある人のことを『勇気がある』と言うんだ。お前にはその勇気がない。お前みたいな意気地なしは私の息子じゃない！」母の言葉がグサグサ胸に突き刺さった。

なぜあの時、僕はリンチを受けて傷だらけになっている仲間を見捨ててしまったのだろう。なぜただ黙って傍観してしまったのだろう。せめて一緒に殴られ、ケンタと痛みを共有し、共に苦しむことくらいはできたはずだ。けれど、自分可愛さに仲間を守る責任を放棄し、僕はあの時、自分の身だけを守ったのだ。

人並みに喧嘩をしてきた人生だったが、殴られたあとや擦り傷は、何日か我慢すれば消えてきれいに治る。骨が折れたところで数ヶ月あれば大体は治る。だが心の傷は何十年たっても消えない。あの時の後悔の記憶はトラウマになり、今でも心の底にずっと引っかかっている。心の奥底に刺さった棘は抜けることなく、人生の折々にあの日の出来事がありありと蘇る。

時が流れ、友人のすすめで図らずも『梨泰院《イテウオン》クラス』という韓国ドラマを見た時、同じく人生の後悔についてハッとする瞬間があった。

主人公のパク・セロイが高校3年で転校した初日の出来事だ。父の威光を笠に着てクラスメイトに暴力を振るう問題児のチャン・グンウォンを、周りの制止を振り切りパク・セロイがぶん殴るシーンからその物語は始まった。その後、校長室へ呼ばれたパク・セロイは「生徒がいじめにあっているのに、先生達はそれを黙って見ていた。黙っていられなかったので止めに入ったが、止まらないので殴った」と状況を説明した。けれど学校はグンウォンの父であるチャン会長が牛耳っていたため、パク・セロイは退学の危機に瀕することになった。そんなパク・セロイに対してチャン会長は「グンウォンに土下座すれば退学を取り消す」と謝罪を迫る。けれどパク・セロイは「父から信念を持って生きろと教えられた。間違ったことをしたなら罰は受ける。けれど、僕は間違ったことをしていない。だからグンウォンに謝罪はできない。それが僕の信念であり、父の教えだ」と一度謝罪をすれば許されるところを退学の道を選んだのだった。その後『梨泰院クラス』は16話まで続くのだが、パク・セロイの生き方は、今の僕にはまだ程遠いけれど「こう生きたい」と願う姿そのものだった。

たとえ権力者や強者から脅されようが、屈せずに戦う。己を曲げない。自分の信念を愚直なまでに貫こうとすれば、血を流して傷つくことがある。少しだけ己を曲げればラクに生きられるのに、傷つきながらも信念を貫こうとする。パク・セロイの生き方は合理的ではない。不器用で不合理だ。と同時に、彼の生き方は誰からも束縛されない。どこまでも自由に自分らしさを追求している。

この本は、ここまで自由を摑むことをテーマに書いてきた。そして本書における自由とは、休みたい時に休めたり、食べたいものを食べられるといった小さなものだけではなく、助けたい人を助けられる、応援したい人を応援できる、その先にある自分の生き方や自分の信念を貫ける人生を謳歌できる自由をも含めて定義してきた。そして、その自由を摑むために重要なこととして「選択」「成長」「運と縁」「解釈」「勇気」の五章に分けて記した。自由を摑むために、自由を目指して生きることはそんなに簡単なことではないかもしれない。けれど、あなたには「もっとこうしておけば良かった」「こんなふうに生きればよかった」と後悔をしてほしくない。

あなたの残りの人生は、言い訳や後悔を並べて生きていくにはあまりにも長すぎるはずだ。全章を通じて紹介した内容を指針にすれば、僕もあなたも悔いを残さず自由を目指して生きることができると信じている。

そして最後に、まだ何者でもない君たちへ。

僕の場合、自分の人生を振り返れば「持たざる者」であったことが数々の場面で自分の背中を押してくれたように思う。言い換えれば、もしも自分が「持たざる者」でなければ、今の自分はなかったとも言える。「持たざる者」は、裏を返せば失うものがないということだ。失うものがなければ、どこへでも、どんなリスクある挑戦であっても飛び込むことができる。何しろ日本で暮らす僕達は、「持たざる者」とはいっても飢え死にする心配もなければ、戦争に巻きこまれ、突然人生をメチャクチャにされる危険もほとんどない。

日本という経済大国に生まれ育った「持たざる者」は、今の逆境を武器にして、いくらでも撥ね返せるはずなのだ。この先、僕自身が誰よりも挑戦し、この本に書いたことを誰よりも一番実行するつもりだ。

僕は日本に住まう多くの人が抱える、21世紀の課題である「孤独・退屈・不安」を解決することを人生の目標に掲げている。目標を成し遂げるまで、行動し続ける。そして、この本を読んでくれたあなたには、僕が社会に大きな影響を与えていく背中を通して、この本の内容が正しいことを証明する。

だからあなたも、本を読んで頭で理解するだけではなく、それを実践に移して、大きな自由を自分の手で摑み取ってほしい。たとえ「持たざる者」であっても、圧倒的努力を重ねて一歩一歩、歩み続ければ、昨日とは違う自分になれるはずだから。

この本を閉じた瞬間から、君にとっての新しい1日が始まる。

かつて自分自身が何者でもない、「持たざる者」であったことを、心から感謝できる、そんな日がいつか訪れるまで、自分の人生をあきらめないで、逃げずに挑戦し続けてほしい。もし、迷ったり辛くなったりしたら、この本をまた読み返してほしい。この本が、あなたの人生における指針となり、自分らしく生きられる自由な未来を築く一助となれば僕も嬉しい。

さぁ、逆襲を始める時だ。自由を掴みに行こう。

２０２３年　11月

溝口勇児

著者の印税は全額、持たざる環境で育った子供たちに対する寄付や、
支援事業への資金として活用させていただきます

この本を読んだ上で、行動したいけど、まず何から行動したら良いのか迷う人もいるだろう。

僕自身、これからも多くの人を巻き込んで面白い事業をいくつか仕掛けていく予定なので、本気で自由を掴むために行動したいと思っている人は、僕が今後始めるプロジェクトにぜひ関わってみてほしい。

募集情報はX（旧Twitter）やInstagram等、SNSに随時載せるのでフォローしておいてほしい。

・溝口勇児X　@mizoguchi_yuji
・溝口勇児Instagram　mizoguchiyuji
・溝口勇児TikTok　mizoguchiyuji
・『持たざる者の逆襲』公式X　@YujiM_revenge
・『持たざる者の逆襲』公式Instagram　yuji.m_revenge
・『持たざる者の逆襲』公式TikTok　yujim_revenge

さらに、この本を読んでいる人限定のコミュニティに入るためのQRコードとパスワードを左記に載せておく。

ＳＮＳでは、本を読んでいない人含め、全ての人にわかりやすい発信を心がけているが、このコミュニティは本を読んだ人だけが集まるクローズドな場所にして、読者とさらに深いやりとりができる場所にしたいと思っている。

もちろん僕もこのコミュニティに入っているので、この本の感想や学びの共有、それから読んでいて疑問に思ったことなどをぜひ発言してほしい。

スタッフと全てに目を通した上で、月にいくつかのコメントには直接返信する。

本でも書いたように、自由を掴む上で、環境や仲間はとても大事だからこそ、きっとこのコミュニティがあなたにとってプラスになると信じている。みんなの参加を待っている。

オープンチャット「溝口勇児コミュニティ」

パスワード:
mizo1123

【編集協力】
木幡涼真
太田慎一
市川綾音
大能千裕

【Special Thanks】
神山理名
渡部有未菜
工藤政行
渕上捺生
川野廉太郎
松本悠瑠
河上青
小池尚弘
古屋向陽
堀伊織
芝本剛志

装　幀　前田高志（ＮＡＳＵ）
ブックライター　荒井香織
編　集　箕輪厚介
山口奈緒子
木内旭洋

持たざる者の逆襲
まだ何者でもない君へ

2023年12月20日　第1刷発行

著　者　溝口 勇児

発行人　見城 徹

編集者　箕輪 厚介　山口 奈緒子　木内 旭洋

発行所　株式会社 幻冬舎
〒151-0051　東京都渋谷区千駄ヶ谷4-9-7
電話　03(5411)6211［編集］
　　　03(5411)6222［営業］
公式HP　https://www.gentosha.co.jp/

印刷・製本所　中央精版印刷株式会社

検印廃止

Printed in Japan　ISBN978-4-344-04205-6 C0030

この本に関するご意見・ご感想は、左記アンケートフォームからお寄せください。
https://www.gentosha.co.jp/e/